# 멀리보기

유승재

# 멀리보기

유승재

동행

■ 유승재 수필집에 부쳐 ■

# 삶의 향기가 묻어나는

김건중 (소설가, 한국작가협회장)

유승재 수필가는 필자가 발행하는 계간 「한국작가」로 등단한 사람이다. 산업현장에서 근무하며 바쁜 일상 속에서 한가하게 책을 보고 글을 쓸 수 있는 환경은 아닌 셈이다. 그러나 그 틈에서도 꾸준한 창작활동으로 수필집을 출간한다고 하니 새삼 놀라움을 금할 수가 없었다.

수필은 자신의 고백적 문학이기도 하다. 그러므로 자신이 살아온 삶이 고스란히 드러나고 있으며 그 삶의 체험 속에서 우러난 농밀한 앙금이다. 이런 맥락에서 유승재 수필가의 작품을 살펴보면,

1부, 삶의 장은 〈멀리보기〉에서 넓은 시야를 통해 보다 합리적인 사고방식을 말하고 있고, 〈만남〉은 인간관계의 중요성을 통해 만남의 중요성을, 〈모범〉은 부모가 모범을 보여야 자식이 잘 성장할 수 있음을, 〈산다는 것은〉은 인생은 수많은 기다림의 연속임을 그리고 이를 통해 삶의 희열을 느낄 수 있음을 그려냈다.

2부, 그리움의 장은〈그리운 맛〉과 〈어머니의 마음〉을 통해 보모에

대한 애틋한 그리움을 말하며 효성의 지극함을 표현했고, 〈너와 남〉에서는 남과 함께 할 때 서로에게 의미 있는 존재가 될 수 있으며 그것이 삶의 진정한 행복임을 이야기하고 있다.

3부, 생각의 장은 〈선택〉을 통해 인생에서의 선택이 얼마나 중요한 일인가를 일깨워주고 있고, 〈감사〉에서는 가족 간의 사랑과 그 속에서의 훈훈한 감정에 따뜻함과 감사를 진정으로 느끼고 있음을 전하고 있다. 또한 〈감자와 고구마〉는 서로 맛은 다르지만 그것은 틀린 것이 아니고, 다만 맛이 다르듯이 상대를 서로 인정해야 한다는 사회에 대한 의미 있는 메시지를 던지고 있다.

이렇게 10개의 작품에서 보여주듯이 유승재 수필가의 작품은 우리의 삶 속에서 일어날 수 있는 이런저런 일상을 따뜻한 시선으로 바라보고 있으며 이는 작가 자신이 지니고 있는 인성에 휴머니티가 있고, 인생을 긍정적으로 바라보고 있음을 잘 보여주고 있다.

특히, 아내가 녹내장으로 인해 시각장애인이 되었지만, 그런 아내를 보고 나만을 위한 삶이 아닌 타인에게 도움이 되는 삶을 살겠다는 생각은 감동적이지 않을 수 없다. 이처럼 인생을 긍정의 힘과 늘 미래를 향한 마음으로 아름답게 살아가려는 유승재 수필가는 그 마음 자체가 한 폭의 수채화처럼 밝고 아름다운 삶이라 생각한다. 또한 그런 마음에서 창출된 첫 수필집 「멀리보기」는 읽는 이의 마음에 삶의 향기가 묻어나기에 충분하다고 믿고 싶다.

끝으로 더욱 아름다운 삶과 제2수필집 또한 감동 있는 수필집을 기대하며 첫 수필집 출간을 진심으로 축하드린다.

책을 발간한다는 것은 단순히 글을 엮어내는 일이 아니라 스스로를 돌아보고 성찰하는 과정이라고 생각합니다. 언젠가 선생님께서 하신 말씀이 문득 떠오릅니다.

"글을 쓴다는 것은 일종의 수도자적 삶을 살아가는 것과도 같다."

그 말이 내 마음속에 깊이 박혀 매일 일기를 쓰듯 삶의 조각들을 글로 옮겨왔습니다.

이 책은 그렇게 하루하루 써 내려온 소박한 글들입니다. 특별한 메시지를 전하기보다는 그저 평범한 일상속에서 스스로에게 묻고 답하며 살아온 흔적을 담았습니다.

어쩌면 이 글들이 누군가에게는 조용한 위로가 되고, 또 누군가에게는 공감의 여운으로 남기를 소망합니다. 삶을 기록하는 일은 늘 부끄럽고도 조심스러운 일이었습니다.

그럼에도 글을 통해 나를 비추고, 세상을 바라볼 수 있었기에 이 길을 계속 걸어올 수 있었습니다. 부족한 글들이지만 기꺼이 읽어주시는 분들께 진심을 담아 감사합니다.

2025년 6월

## 제2부 그리움의 장

## 제3부 생각의 장

유 · 승 · 재 · 수 · 필 · 집

**제1부**

# 삶의 장

# 멀리보기

한때 나는 오해를 산 적이 있다. 회사에서 파트 제안서를 맡았을 때였다. 나는 일의 효율을 위해 조용히 혼자 처리하는 편이었고 그게 파트를 위하는 길이라고 생각했다. 하지만 팀원들은 나를 배려 없는 사람이라 여겼다. 상의도 없이 혼자 결정 한다는 말이 들려왔다. 나는 당황스러웠다. 그건 분명히 팀을 위한 배려였는데 말이다. 그날 이후 나는 스스로에게 묻기 시작했다. 나는 정말 잘 보고 있는 걸까?

문제가 생겼을 때 그 문제를 바로 알아차리는 것은 쉽지 않다. 가까이 있는 것은 보이지 않는다. 오히려 멀리 있어야 보인다. 삶도 마찬가지다. 우리는 너무 가까이에서만 바라보다가 오히려 중요한 것을 놓치곤 한다.

해변에 사는 사람은 바다가 보이지 않는다. 바다는 매일 그 자리에 있고 파도는 늘 출렁이기 때문에 그 아름다움이 당연해진다. 하지만 문득 수평선 너머로 떠오르는 달을 보게 되는 순간 우리는 다시금 그 경이로움에 숨을 멈춘다. 그제야 알게 된다. 바다는 이렇게 아름다웠구나. 세상은 내가 느끼는 것만이 보이고 보이는 것만이 존재한다고 여긴다. 하지만 정작 우리는 많은 것을 느끼지도, 보지도 못한 채 지나친다.

매일 펼쳐지는 저녁노을 밤하늘의 별 아침 햇살의 따스함 우리는 그것들을 그냥 스쳐 지나간다. 그것들이 늘 거기 있기 때문에 그 찬란함을 자주 잊는다. 그 대신 우리는 슬픈 것들만 자꾸 보게 된다. 답답한 뉴스 거리의 소음 사람들의 날선 말투 점점 더 불안하고 무거운 세상에 갇힌 기분에 빠진다. 그런 감정들은 점점 깊어지고 우리는 결국 지치고 좌절한다. 때로는 모든 걸 포기하고 싶은 날도 있다. 희망보다는 절망이 익숙한 날들 그저 버티는 게 삶의 전부인 것 같은 순간들 하지만 곰곰이 생각해보면 세상은 애초에 그렇게 어둡기만 한 곳이었을까?

사실 세상이 원래 어려운 게 아니라 우리가 어렵게 보고 있기 때문에 어려워지는 것이다. 그렇다고 해서 세상이 쉽다는 말도 아니다. 단지 우리가 어떻게 보느냐에 따라 달라질 수 있다는 말이다.

어떤 이는 반쯤 찬 물 컵을 보고 벌써 반이나 비었네 라고 말한다. 또 어떤 이는 아직 반이나 남았네 라고 말한다. 같은 현실을 두고도 완전히 다른 감정을 가지게 된다. 비었다고 우는 것도 찼다고 웃는 것도 전적으로 자신의 선택이다. 그리고 그 선택이 결국 그 사람의 삶을 만든다. 한 발 물러서 보면 보이는 것이 있다.

그림을 감상할 때 가까이 다가가면 붓 자국 하나하나는 잘 보일지 모르지만 전체적인 조화는 오히려 놓치게 된다. 조금 떨어져서 바라봐야 작가의 의도와 전체의 아름다움이 드러난다. 삶도 그렇다. 너무 가까이에서만 보려 하면 오히려 본질을 놓치기 쉽다. 물러서야 멀리서 봐야 이해할 수 있다. 산을 오를 때도 마찬가지다. 발밑만 보고 올라가다 보면 풍경을 느끼지 못한 채 힘들기만 하다. 하지만 정상에 도달하면 우리가 걸어온 길과 그 너머의 세계가 한눈에 펼쳐진다. 그때 비로소 우리는 생각한다. 아, 그래서 이 고생을 했구나. 그 고단한 걸음 하나

하나가 이 멋진 풍경을 위한 것이었다는 걸. 삶에서도 가끔은 중심에서 물러설 필요가 있다. 우리는 늘 내가 먼저여야 하고 내가 옳아야 한다고 생각한다. 하지만 그 내가라는 틀에 갇히는 순간 세상은 점점 좁아진다. 때로는 한발 물러서서 다른 사람의 입장도 들어야 한다. 다른 이의 말에 귀 기울일 줄 알아야 하고 나와 다른 시선으로 세상을 바라보는 용기도 필요하다.

우리는 너무 오랫동안 앞만 보고 살아왔다. 누가 더 빨리 가는지 누가 더 높이 올라가는지에만 신경 썼다. 그런데 진짜 중요한 것은 그 길을 얼마나 깊이 느끼며 가냐 아닐까. 땀 흘리며 걸은 길 멀리 돌아온 길일수록 더 많은 것을 볼 수 있다.

멀리 보면 다르게 보인다. 멀리 보면 더 많이 보인다. 세상이 변하는 것이 아니라 내가 보는 방식이 달라질 뿐이다. 그 방식 하나가 인생 전체를 바꿀 수도 있다.

오늘 하루 잠시 걸음을 멈추고 한 발 물러나 보자. 너무 가까이 있었던 것들을 다시 바라보자. 너무 익숙해서 소중함을 잊었던 것들 너무 당연해서 감사를 잃었던 것들 그 모든 것이 다시 눈에 들어오기 시작할 때 더 넓고 깊은 삶을 살아갈 수 있을 것이다.

# 사람은 마음이다

포도밭을 하는 친구의 집에 다녀왔다. 내 친구는 송산에서 포도를 재배하고 있는데 일이 많을 때면 내가 가끔 가서 돕곤 한다. 포도농사는 봄과 겨울 사이의 가지치기 그리고 6월의 봉지 씌우기가 큰일이다. 이번에는 친구의 어머니가 계단에서 넘어져 어깨를 다치는 바람에 나와 다른 친구 한 명이 함께 돕게 되었다.

고속도로를 달려 도착하니 얼마 지나지 않아 다른 친구도 도착했다. 처음 보는 사람이었다. 처음 그를 본 순간 솔직히 조금 놀랐다. 덩치도 크고 말투도 거칠어 딱 봐도 산적 같다는 인상이 들었다. 어떻게 저런 사람이랑 친구를 하지? 하는 생각이 머리를 스쳤다.

사람을 외모나 말투만으로 판단하지 말자고 수없이 다짐했건만 막상 현실에서는 그렇게 되지 않았다. 우리는 흔히 상대를 겉으로 드러나는 모습만으로 평가하고 판단하며 살아간다. 마치 산꼭대기에 홀로 서 있는 소나무가 굽고 휘어졌다고 해서 쓸모없다고 여기는 것처럼 반듯하게 선 나무가 사실 속이 썩었을 수도 있다는 생각은 하지 않는다.

함께 하루를 보내며 일하던 그 친구는 생각과는 전혀 다른 사람이었다. 평소에는 회사에 다니며 농사일은 그저 땀이 그리울 때 돕는 정도라 했다. 생긴 것과 말투 때문에 종종 오해도 받고 억울한 일도 당했지만 지금은 그런 시선에 크게 신경 쓰지 않는다고 했다. 오히려 그는 봉사활동도 열심히 하고 주변 사람들에게 인정받는 사람이었다. 어머니에게도 잘하고 묵묵히 자기 일을 하며 남을 도우는 모습에 점점 마음이 끌렸다. 나중에는 이 사람 참 순하고 따뜻하구나 싶었고 그렇게 나는 새로운 친구를 하나 얻었다.

사람과 사람 사이의 관계는 참 다양하다. 가족 친구 스승과 제자 이웃 직장 동료 우연히 마주치는 택배 기사나 새벽 청소부 아저씨까지 우리는 수많은 사람들과 관계를 맺으며 살아간다. 그중에서도 나는 가족을 가장 중요하게 여긴다. 가장 가까운 거리에서 가장 오래 함께하기 때문이다.

하지만 가만히 생각해보면 사회 속에서 만나는 많은 사람들 특히 직장에서 함께 일하는 이들과의 관계도 무척 중요하다. 직장 동료는 서로에게 경쟁자이기도 하고 때로는 마음을 터놓을 수 있는 친구이기도 하다. 함께 성취를 이루기도 하고 때론 갈등도 생긴다. 양날의 검 같지만 잘만 하면 멋진 팀이 될 수 있는 관계다.

세상을 살다 보면 정말 다양한 직업 다양한 성격의 사람들을 만나게 된다. 그때마다 우리는 상대방의 말과 행동 표정과 말투에 영향을 받는다. 그리고 무의식중에 그 사람을 규정짓는다. 하지만 그 속마음은 전혀 다를 수 있다는 걸 이번 일을 통해 새삼 깨달았다.

사람과 사람 사이에는 보이지 않는 문이 있다. 그 문은 선입견이라는 자물쇠로 굳게 잠겨 있을 때가 많다. 하지만 우리가 조금만 열린 마음으로 다가가고 있는 그대로의 모습을 받아들인다면 그 문은 천천히 열리고 서로의 진심이 오가게 된다. 그러다 보면 서로의 마음속에 감춰져 있던 따뜻함 배려 진심 같은 보물들을 발견할 수 있다.

사람은 겉모습이 전부가 아니다. 때론 말투가 거칠고 표정이 무뚝뚝할지라도 그 마음속에는 따뜻한 온기가 숨어 있을 수 있다. 처음에 품었던 선입견이 사라지고 나면 우리는 훨씬 더 넓고 깊은 관계를 맺을 수 있다.

진심은 통한다. 마음으로 바라보면 마음이 보인다. 좋은 인연은 그렇게 시작된다.

사람은 마음이다.

# 여행

북적이는 출판기념회를 다녀왔다.

문학계에서 이름난 인물들이 있었고 유명 탤런트와 무용가 악기 연주자들이 무대에 올라 축하의 마음을 표현했다. 그 자리는 김건중 소설가가 50여 년간 써온 단편 장편 콩트 화보 평론 등을 엮어 만든 세 권의 소설 선집을 기념하는 자리였다. 긴 세월의 글이 묶인 그 책들 속에는 작가의 삶과 사유가 고스란히 담겨 있었다.

그 자리에 함께하면서 존경심이 저절로 일었다. 단지 많은 글을 썼기 때문이 아니라 오랜 시간 한 길을 묵묵히 걸어왔다는 사실 자체가 나를 감동시켰다. 그 길이 얼마나 외롭고 긴 여정이었을지 글을 쓰는 입장에서 조금은 짐작할 수 있었기 때문이다.

어릴 적 어머니는 개근상을 꼭 받아야 한다고 말씀하셨다. 그것이 근면하고 성실한 삶의 증거라고 나 역시 개근상을 받으려 애썼지만 어린 마음에 아프다는 핑계로 하루쯤 학교를 가지 않았던 날이 있었다. 그날 산에 올라 밤을 줍고 꽃의 속삭임을 듣고 하늘을 올려다보며 친구와 놀다 보니 어느새 어둑해졌고 집으로 돌아가 어머니께 꾸지람을 들었다. 그때는 내가 꾀병을 부렸다는 걸 몰랐지만 지금 생각해 보면 어쩌면 마음이 답답해서 그랬던 것 같다.

몸이 아팠다기보다 마음이 불편했던 건 아닐까 그렇게 개근상과는 거리가 멀었던 내가 이제는 무언가를 꾸준히 하고 있다. 바로 문학이라는 것을 문학을 하려 하면서 비로소 깨닫는다. 이 길에서 가장 필요한 자질은 근면 성실이라는 사실을 하루하루를 채우는 성실함 포기하지 않는 꾸준함이 결국 나를 성장시켜 준다는 것을. 우공이산(愚公移山)이라는 고사성어가 있다. 어리석은 자가 산을 옮긴다는 뜻인데 우직하게 한 우물을 파는 자가 결국 큰 성과를 거둔다는 뜻이다.

사람들은 그를 어리석다 말하지만 결과는 다르다. 나는 그 의미를 이제 조금씩 실감하고 있다. 소설가가 50년을 문학과 함께했다면 그는 분명 입신(入神)의 경지에 이른 것이다. 열정과 사명감 없이는 이룰 수 없는 시간이다. 단순한 글쓰기의 연속이 아니라 삶 전체가 문학인 사람 글로 세상을 보고 글로 자신을 이해하며 살아온 사람 명인은 하루아침에 만들어지지 않는다. 오랜 시간 묵묵히 같은 방향을 바라보며 살아온 사람만이 명인의 반열에 오른다.

김건중 소설가 역시 지치고 힘든 날이 많았을 것이다. 포기하고 싶은 순간이 수없이 많았을 텐데도 그를 붙잡은 것은 문학에 대한 확고한 믿음이었다. 단순한 신념을 넘어 삶 전체를 걸 수 있는 광신에 가까운 믿음 그것이 그를 지탱한 힘이었을 것이다.

그의 글 속에는 인간은 미완성으로 생을 마감한다는 문장이 있었다. 그래서 그는 누구를 위한 삶이 아니라 나 자신의 구원을 위한 삶이라고 말했다. 이 말이 유독 내 마음에 깊이 박혔다. 나 역시 늘 고민했다. 나는 무엇을 위해 사는가? 라는 질문 명확한 답은 아직 없지만 그 답을 찾아가는 과정이 바로 나의 여행이라는 생각이 든다.

요즘은 많은 어른들이 젊은 세대를 향해 끈기가 없다고 말한다. 하지만 나는 다르게 본다. 그들은 그들 나름대로 살아남기 위한 방법을 택하고 있고 변화에 유연하게 적응하며 스스로의 길을 개척하고 있다. 빠르게 변화하는 시대 속에서 살아남으려면 유연함도 필요하다. 하지만 그렇다고 해서 끈기와 인내가 덜 중요해지는 건 아니다.

변화와 끈기 이 두 가지는 서로 배척하는 것이 아니라 균형을 이루어야 한다.

변화에 맞춰 적응하면서도, 자신이 진정 원하는 분야에는 오래 머물 수 있는 힘 그게 결국 삶의 깊이를 만든다고 믿는다.

『아웃라이어』라는 책에는 1만 시간의 법칙이 등장한다. 어떤 일에 진정한 전문가가 되려면 최소한 1만 시간의 훈련이 필요하다는 내용이다. 하루 3시간씩 10년 동안 투자해야 이룰 수 있는 시간 그 많은 시간을 자신에게 온전히 쏟을 수 있다면 경쟁이란 개념 자체가 무의미해질지도 모른다.

1만 시간이란 단순히 흘러가는 시간이 아니다. 그 안에는 열정과 끈기 환경을 바꾸려는 의지와 자신을 이겨내는 고독이 담겨 있다. 그리고 그것이야말로 진짜 여행이라는 생각이 든다.

나는 지금 그 여행의 초입에 서 있다. 어쩌면 아직도 내가 하고 있는 일이 진짜 내 길인지 의심할 때가 있다. 하지만 한 가지는 확실하다. 그 길을 통해 나를 더 잘 이해하게 되었고 세상을 더 깊이 바라보게 되었다는 점이다.

이제부터는 1만 시간의 여정을 의식하며 걷고 싶다. 시간의 개수보다는 그 시간 속 나의 태도를 중요하게 여기며 나를 더 단단하게 만들고 싶은 것이다.

그리고 그 여행을 통해 언젠가 나도 누군가에게 존경스럽다는 마음을 줄 수 있는 사람이 되기를 바란다. 내 삶을 돌아보며 문학을 통해 내 마음을 정돈하고 내가 어디서 왔고 어디로 가고 있는지 확인해보는 것이 지금 내가 시작하는 여행이다. 빠르게 가지 않더라도 멀리 가지 않더라도 좋다. 중요한 건 꾸준히 걷는 것이다.

그 길 위에서 나 자신과 더 자주 마주치고 삶의 본성과 아름다움을 하나씩 발견해 나가는 것 그런 여행을 나는 지금 시작하고 있다.

# 만남

친구의 딸 결혼식에 갔다. 결혼식은 볼 때마다 새로운 느낌이 들고 새 출발을 보는 것은 즐거움이다. 결혼이라는 것이 새로운 만남을 통해서 가정을 이루고 인생 후반부의 모든 삶을 좌우 하게 된다.

사람은 나면서부터 사회 속 관계를 갖는다. 어느 나라 국적을 가지고 태어나느냐에 따라서 국가가 결정되고 삶의 방식이 결정된다. 또 딱 한 번 만나도 첫인상이 남는 사람이 있고 매일 만나는 사람인데도 멀게만 느껴지는 사람이 있다. 만날 때는 즐거우나 돌아서면 슬퍼지는 그런 사람이 있다. 사람이 사람을 만나는 것이 잘 만나면 재산이라 하기도하고 인생의 역전이 일어나 기도한다.

길에서 산에서 배움의 길에서 만난 사람이나 직장에서 어떤 꿈을 이루기 위해 애쓰는 자리에서 어디든지 항상 만남은 있어왔다. 꿈을 함께 꾸고 이루는 그런 아름다운 사람들 업무의 과정에서 좋은 만남은 성공과 실패를 가르기도 한다.

만남은 상대방에게 자신에 관한 어떤 인상을 남기게 된다. 상대방은 그 인상을 토대로 자신과 관련된 모든 직간접적 현안을 결정한다. 한 번 만들어진 인상은 좀처럼 바뀌지 않아 두고두고 영향을 미친다. 이 때문에 신중한 사람들은 인생에서 중요한 인물을 만날 때 상대방에게 어떤 인상을 남길지 미리 염두에 둔다. 특히 취업을 하려는 젊은이들은 상대방에게 진취적이고 적극적인 인상을 남길지 신중하고 배려 깊은 느낌을 줄지 세련되고 자신 있는 이미지를 남길지 소탈하고 겸손한 인상을 남길지 사전에 면밀하게 준비한다. 그가 자신의 인생에 어떤 영향을 미칠지 모르기 때문이다.

사람들이 결정을 내리는 것은 한순간이다. 단 한 번의 만남으로 상대를 설득해야 한다고 생각한다. 어떤 만남도 평생 단 한 번의 만남이라고 생각한다면 만남을 대하는 태도와 각오가 달라져 좋은 결과를 얻을 수 있다.

우리는 하루에도 여러 명을 만난다. 하지만 이들과 만나면서 이번이 처음이자 마지막이라고 생각하고 최선을 다하는 경우는 드물다. 자신이 직면해 있는 현실 또는 관심사와 관련된 매우 중요한 사람이거나 사회적으로 높은 위치에 올라 있는 사람이 아니면 편하게 대한다. 하지만 짧은 시간이었을지라도 만남에서 성의 없는 태도는 상대방에게 부정적 인상을 남길 가능성이 높다. 그렇게 되면 다음에 본 만남이 이뤄지더라도 이미 선입견을 갖고 있는 상대방은 내게 호의적이지 않게 된다. 아무리 진심을 갖고 노력해도 상대방은 마음의 문을 닫아 걸 가능성이 높다. 이런 상황에서는 그에게 무슨 말을 해도 듣지 않는다. 그만큼 첫인상은 중요하다.

내가 사귀던 여자 친구와 한참을 사귄 끝에 결혼할 나이가 되어서 지금의 처갓집에 인사를 드리러 갔었다. 그런데 친척 분들과 처 작은어머니가 눈이 작고 눈 꼬리가 올라갔다고 반대를 했다는 이야기를 전해 들었다. 성질 좀 있고 고생 시킬 것 같아 보인다는 것이다. 첫인상 때문에 결혼도 못할 뻔했다.

이렇듯 첫인상이 어떤 일에 큰 영향을 미친다는 얘길 많이 듣는다. 첫인상은 일단 형성되면 좀처럼 바뀌지 않는다. 처음으로 가졌던 생각이 사람들의 머릿속에는 일관성을 유지하려는 심리적 압력이 내재해 있다. 처음에 좋은 인상을 받았던 사람은 좋은 행동을 하는 게 일관성이 있고 나쁜 이미지를 갖고 있는 사람은 나쁘게 행동해야 마음이 편한 것이다. 이 일관성의 원리는 많은 부분에서 사람들의 사고를 지배하고 있다고 한다. 요즈음은 직접 만나 이야기하는 것보다 몇 배 많은 사람과 전화나 e메일, 소셜 네트워크 서비스(SNS)를 통해 만나고 있다. 어떤 방식으로 만나든 우리는 그들에게 인상을 남기고 그 인상은 메아리처럼 우리의 삶으로 돌아온다. 특히 직장 생활이나 비즈니스에서 의욕적으로 진로를 개척해 가는 젊은이들에게 누군가와 만나는 과정에서 자신이 남긴 흔적의 영향은 지대하다.

많은 사람들이 네트워크를 확장하고 인맥을 탄탄히 하겠다며 이 사람 저 사람을 찾아다닌다. 이 모임에 가입하고 저 단체에 회원으로 등록한다. 그래서 자신은 발이 넓고 폭넓은 관계를 맺고 있다는 좋은 인상을 주려고 한다. 하지만 한 사람의 인상은 많든 적든 자신이 만나는 사람 한 명 한 명을 통해 만들어진다.

아무런 이해관계가 없는 친목 모임의 회원 일상적으로 만나는 직장 동료 가볍게 스쳐 지나가는 사람들에게 남긴 인상이 모여 자신의 이미지가 결정된다. 그런 점에서 우리가 만나는 모든 사람을 성심성의껏 대해야 한다. 단 한 번의 만남처럼 소중하게 생각하고 정성을 다해야 한다. 꼭 어떤 것을 바라지 않더라도….

# 모 범

부모가 자식을 자랑거리로 삼으려할 때가 있다. 이 과정에서 자식은 자신의 길을 잃고 부모의 욕망을 이루기 위한 도구가 되기 쉽다. 그럼에도 불구하고 부모의 진정한 역할은 자식이 아닌 자신이 자식에게 자랑거리가 되는 것이다. 부모가 자신의 삶을 충실히 살아가며 자식에게 본보기가 되는 모습은 자식에게 가장 큰 힘이 된다.

부모는 자식을 사랑하고 그들이 잘되기를 바라는 마음으로 때로는 지나친 기대를 품을 수 있다. 그 기대는 자식을 자신이 이루지 못한 꿈의 도구로 삼고자 하는 욕망으로 변질되기도 한다. 부모는 자식이 더 나은 삶을 살기를 바라는 마음에 자신의 미완성된 꿈을 자식에게 부여하려 하지만 이는 자식에게 심리적인 부담을 안기고 자식의 자아를 왜곡할 위험을 안고 있다. 부모의 과도한 기대와 요구는 자식에게 스트레스를 주며 자식은 자신의 삶을 살아가기보다는 부모의 욕망을 실현시키기 위한 존재가 되어버린다. 결국 자식은 부모의 기대에 부응하려는 압박에 시달리며 자신의 길을 찾기보다는 부모가 원하는 길을 따르게 된다.

반면 부모가 진정으로 자식에게 주는 선물은 자식이 아닌 자신이 되는 것이다. 부모가 자신의 삶을 진지하게 살아가며 자신의 가치와 신념을 지키는 모습을 보여줄 때 자식은 그 모습을 보고 큰 영감을 받는다. 자식은 부모가 이루지 못한 꿈을 대신 이루려는 존재가 아니라 부모의 삶을 보며 자신의 꿈을 찾고 자신만의 길을 걸을 수 있는 용기를 얻게 된다. 부모가 자신의 삶을 충실히 살아가면 자식은 그 모습을 통해 삶의 가치를 배우게 된다. 성공을 이루는 것뿐만 아니라 실패와 고난을 견뎌내는 모습도 중요한 교훈이 된다.

부모가 자신의 삶을 충실히 살아가는 모습을 자식에게 보일 때 자식은 부모를 자랑스럽게 여기며 자신도 그런 사람으로 성장하고자 한다. 이는 자식에게 힘이 되고 자신만의 삶을 살아가는 데 있어 중요한 본보기가 된다. 부모가 삶을 사랑하고 자신의 가치를 존중하는 모습을 보일 때 자식은 그 모습을 통해 자아를 찾고 성장할 수 있다. 자식은 부모가 자랑스러운 인물이라는 사실을 통해 자신의 길을 찾고 나아갈 용기를 얻을 수 있다.

부모가 자식에게 기대하는 것은 종종 자식이 어떤 성과를 이루는 것에 국한되지만 자식에게 주는 진정한 선물은 그들이 자랑스러워할 수 있는 부모의 모습을 보는 것이다. 부모가 자신의 삶을 의미 있고 가치 있게 살아갈 때 자식은 부모에게서 큰 교훈을 얻는다. 부모의 삶을 통해 무엇이 중요한지 무엇이 진정한 행복인지 깨닫게 된다. 성공과 실패를 넘어 부모의 삶이 자식에게 전달하는 메시지는 삶의 방향을 찾는 데 중요한 역할을 한다.

부모가 자식을 자랑거리로 만들기 위해서는 자식에게 무리한 기대를 걸기보다는 자신이 자랑스러운 사람이 되려는 노력이 필요하다. 자식이 부모의 삶을 보고 자랑스러움을 느낄 수 있도록 부모는 자신의 삶을 긍정적이고 의미 있게 살아가야 한다. 자식에게 가장 큰 선물을 주는 것은 성공적인 삶을 사는 것이 아니라 자신의 삶을 진지하게 살아가며 자식에게 본보기가 되는 것이다. 부모가 자식에게 자랑거리로 여겨지는 것은 부모 자신이 자랑스러운 사람으로 살아가는 과정에서 자연스럽게 이루어진다.

부모가 자신의 삶을 충실히 살아가면 자식은 그 모습을 통해 삶의 의미를 배우고 나아갈 방향을 찾게 된다. 부모가 자식에게 기대하는 것이 성과나 결과보다는 삶의 과정에 있다는 사실을 깨달을 때 부모와 자식은 더욱 깊은 관계를 형성하게 된다. 부모가 자식에게 중요한 가르침을 줄 수 있는 순간은 자식이 아닌 바로 부모가 자신의 삶을 진지하게 살아가는 순간이다. 자식은 부모의 모습을 보고 배우며 그것이 결국 자신만의 길을 찾는 데 큰 도움이 된다.

결국 부모의 역할은 자식을 자랑거리로 만드는 것이 아니라 자신의 삶을 자식에게 자랑거리가 되게 만드는 것이다.

부모의 삶이 자식의 자랑거리가 되게 할 때 자식은 그 모습을 통해 자기 자신을 이해하고 자신의 길을 찾는 데 큰 용기를 얻게 된다. 부모가 자신의 삶을 가치 있게 살아갈 때 자식은 그 모습을 보고 더욱 큰 힘을 얻게 된다.

# 삶

삶은 모험이고 여정이며 때로는 고난 그 자체다. 우리는 살아가며 수많은 순간을 지나고 그 속에서 무수한 선택과 도전을 맞이한다. 인생이라는 이름의 긴 항해 속에서 누구나 각자의 방식으로 삶을 탐험하며 자신만의 의미를 찾아간다.

살다 보면 아무런 예고 없이 거센 풍랑이 몰아친다. 예상치 못한 시련 막막한 현실 견디기 어려운 고통이 우리를 삼킬 듯 덮쳐온다. 그러나 역설적이게도 바로 그런 순간들 속에서 우리는 인생의 진면목을 마주하고 진짜 나를 발견하게 된다. 고난은 늘 불청객처럼 느껴지지만 결국엔 가장 값진 선물로 돌아온다.

고난 없는 삶은 없다. 우리가 살아가는 동안 마주하는 고통과 시련은 피할 수 없는 삶의 일부다. 하지만 그것이 단지 괴로움으로만 남지는 않는다. 그것들은 때때로 우리에게 강한 의지와 용기 인내와 겸손을 가르쳐 준다. 아무리 아프고 고통스러워도 그 끝에는 반드시 무언가 배울 것이 있다. 우리는 그 경험을 통해 삶을 더욱 깊이 이해하게 되고 타인의 아픔에도 조금은 더 귀를 기울이게 된다.

사람은 아플 때 비로소 자신을 돌아보고 무너질 때 비로소 삶의 본질을 생각하게 된다. 바쁘고 정신없는 일상 속에서는 잊고 살았던 것들 가족 친구 나 자신 그 모든 것들이 아픔을 통해 다시금 눈앞에 떠오른다. 우리가 시련 속에서 겪는 내면의 대화는 결코 가볍지 않다. 그것은 때때로 세상 그 누구도 대신해줄 수 없는 오직 나만이 지나야 하는 통로이기도 하다.

물론 고난이 모두에게 동일한 방식으로 의미를 남기진 않는다. 어떤 이는 고통 속에서 스스로를 잃고 또 어떤 이는 고난 속에서 스스로를 다시 만든다. 중요한 건 그 고난을 어떻게 받아들이고 어떻게 이겨내느냐는 것이다. 아프다고 멈추지 않고 슬프다고 무너지지 않으며 힘들어도 앞으로 나아가려는 그 태도야말로 삶을 살아내는 가장 고귀한 자세가 아닐까.

고난은 때론 우리를 낮추지만 그 과정 속에서 우리는 더 깊은 눈을 갖게 된다. 세상이 보이지 않던 방향에서 문득 길이 열리고 삶이 던지는 메시지를 더 명확히 읽게 된다. 나는 그것을 유익한 교훈이라 부르고 싶다. 고난이 단지 고통으로 끝나지 않고 삶의 방향을 바꾸는 이정표가 되어줄 수 있다면 그것은 더 이상 나쁜 일이 아니다.

이런 이야기를 들은 적이 있다. 나무가 바람에 맞서며 더 단단한 뿌리를 내리듯 사람도 역경을 통해 강해진다고. 뿌리가 약한 나무는 조금만 바람이 불어도 쓰러진다. 그러나 수없이 흔들린 나무는 결국 더 깊은 곳까지 뿌리를 내린다.

우리는 살아가며 수없이 흔들리고 무너질 것 같은 순간들을 겪는다. 하지만 그럴수록 우리는 더 단단해지고 더 깊어진다. 그러니 고난 앞에서 두려워할 필요는 없다. 때로는 그것이 우리를 어디로 데려가는지 알 수 없어도 한 걸음씩 내딛다 보면 분명히 새로운 길이 열린다. 그리고 그 길 끝에는 지금의 나보다 더 나은 내가 서 있을 것이다. 그게 바로 고난이 주는 가장 큰 교훈이다.

지금도 많은 사람들이 각자의 삶에서 크고 작은 고난을 견디며 살아가고 있다. 어떤 이들은 병상에서 어떤 이들은 외로움 속에서 또 어떤 이들은 미래에 대한 불안 속에서 하루하루를 버티고 있다. 하지만 그들의 마음 깊은 곳에는 분명 작은 희망의 불씨가 살아 있다.

이 또한 지나가리라는 믿음, 그리고 고난 끝에 빛이 있으리라는 바람이 다. 삶은 쉽지 않다. 하지만 삶은 또한 끊임없이 우리를 가르치고 성장하게 만들며 조금씩 더 나은 존재로 이끈다. 고난이 있다는 것은 우리가 아직 살아 있다는 증거이며 살아 있다는 것은 또 다른 희망을 품을 수 있다는 뜻이다.

그래서 나는 오늘도 고난을 마주하며 한 걸음 내딛는다. 어제보다 나은 내가 되기 위해 그리고 또다시 인생이 내게 들려줄 새로운 교훈을 배우기 위해 삶이란 끝없는 배움의 연속이며 고난은 그 배움의 가장 진실한 교과서다. 우리는 아프고 힘들지만 결국 이 모든 시간을 지나 더 깊은 인간으로 성장하게 된다.

그리고 그 여정의 끝에서 깨닫게 될 것이다. 고난이 있었기에 지금의 내가 있었다는 것을.

# 인생

인생에 한방은 없다. 많은 이들이 입버릇처럼 내뱉는 말이다.

그러나 정말 그럴까 혹은 그 말의 진짜 의미는 무엇일까?

얼마 전 나는 7호실이라는 영화를 보았다. 서울의 망해가는 DVD방을 배경으로 사장은 삶의 벼랑 끝에서 하루하루를 버티고 아르바이트생은 학자금 대출에 허덕이며 일한다. 장사가 안 되어 가게를 팔려고 하던 찰나 극적인 타이밍에 손님이 나타난다. 그러나 예상치 못한 죽음과 마약 보관이라는 사건이 얽히며 두 사람은 점점 더 통제할 수 없는 상황으로 빠져든다.

이 영화가 특별했던 건 사건들이 치밀하게 계획된 것이 아니라 어느 날 갑자기 터졌다는 점이다. 인생이 그렇다. 잘 준비하고 계획했음에도 예기치 못한 일들이 닥쳐오고 그 일이 인생을 송두리째 흔들기도 한다. 마치 잘 짜놓은 스케줄 속에 돌발변수가 끼어들 듯 인생은 언제나 예정 외의 일들로 채워진다. 그럴 때면 이번 생은 망 했어 라는 말을 자주 듣는다. 그런데 그런 말을 하는 사람들을 보면 외견상 그리 나빠 보이지 않는다. 안정된 직장을 다니고 가족도 있고 건강도 해친 것 같지 않다. 하지만 우리는 겉으로는 몰라도 각자가 지닌 기준에 따라 자신의 삶을 판단한다. 성공의 기준이 다르기 때문이다.

누군가는 돈이 많으면 성공이라 하고 또 다른 누군가는 이름이 알려지거나 높은 자리에 오르면 성공이라 말한다. 하지만 그것만으로 인생을 평가할 수 있을까?

성공이란 단어 앞에서 나는 자주 가치라는 단어를 떠올린다.

국어사전에 따르면 인생은 사람이 세상에서 살아 있는 동안 살아가는 일이다. 결국 인생은 지금 이 순간의 연속이고 내가 지나온 시간의 총합이며 앞으로 걸어갈 시간의 씨앗이다. 그렇기에 인생을 성공이라고 말하기 전에 그 안에서 내가 무엇을 중요하게 여겼고 어떤 기준으로 살아왔는지를 돌아보는 것이 먼저다. 내 삶을 돌아본다.

어린 시절에는 오락기 하나로 세상이 다 가진 듯했고 청소년기에는 멋진 영화 속 주인공을 따라 하는 것이 전부였다. 이십 대 초반엔 남에게 잘 보이려고 꾸미는 데 정신이 없었다. 군 제대 후엔 돈을 많이 벌겠다는 생각에 사로잡혔다. 그러다 서서히 나라는 사람의 가치를 생각하게 되었고 지금은 교육과 봉사 그리고 아이들에게 좋은 어른이 되어주는 삶을 추구하고 있다. 그렇다면 지금 나는 어떤 가치로 살아가고 있을까 나를 지탱하는 중심은 무엇일까? 아마 이 질문은 시간이 한참 지나 내가 걸어온 길을 다시 돌아볼 때에야 명확한 답을 얻을 수 있을 것이다.

하지만 중요한 건 지금 이 순간에도 그 질문을 던지며 사는 삶이 아닐까? 인생은 하루하루 충실히 살아가는 것 그것이 전부이자 전부가 아니다. 노력하지 않고 얻어지는 것은 없고 세상에 공짜는 없다. 무엇 하나 쉬운 일은 없다. 하지만 사람들은 대개 한방을 기대한다. 한 번에 인생이 뒤바뀌는 기적 같은 순간 누구나 그것을 꿈꾸지만 정작 그러한 한방은 대부분 한 걸음씩 성실히 쌓아온 사람에게만 찾아온다.

어떤 사람은 말한다. 결국 인생은 요행이야. 그러나 나는 믿는다. 지금 만들어진 성과는 우연이 아니라 정직하게 쌓아온 땀방울의 결과라는 것을 작든 크든 그 결과에는 반드시 그 사람의 삶의 태도와 가치관이 녹아 있다. 그러므로 우리가 생각해야 할 것은 결과보다 방향이다. 무엇을 좇고 있는가, 어떤 기준으로 살고 있는가, 어떤 사람으로 남고 싶은가.

나는 지금도 하루하루 묻는다. 이 선택이 옳은가, 내가 가는 길이 가치 있는가, 그 질문이 나를 흔들리게도 하지만 다시 붙들어 주기도 한다.

인생에 한방은 없다. 하지만 한방처럼 보이는 순간은 있다. 그것은 단순한 행운이 아니다. 하루하루를 성실하게 살아온 사람만이 맞이할 수 있는 보상 같은 순간이다. 그리고 그런 순간은 그 자체보다 그 순간을 만들어온 시간들이 더 빛난다. 결국 인생이란 그 시간을 어떤 마음으로 채워 가느냐에 달려 있다. 나는 오늘도 내 삶에 가치를 담는다. 그리고 묻는다. 지금 나는 잘 살고 있는가?

# 일상

최근에 한 권의 책을 읽었다. 신순규 작가의 '눈감으면 보이는 것들'이라는 제목이 나를 끌었다. 요즘 나는 책이 있으면 자주 읽는다. 책이 주는 감동과 위로는 생각보다 큰 힘을 준다. 그 중에서도 신순규 작가의 책은 나에게 깊은 인상을 남겼다.

책은 작가의 일상에 관한 에세이집이었다. 여러 개의 작은 제목들 아래 본인의 경험과 생각들이 펼쳐져 있었고 나는 그 이야기에 빠져들었다. 책을 읽으며 자연스럽게 눈을 감아보았다. 눈을 감고 천천히 생각해보니 어린 시절의 추억들이 떠오르며 그동안 지나온 삶을 되돌아볼 수 있는 시간을 가졌다. 작가는 눈이 보이지 않는 삶을 살았다. 나는 그 점에서 이 책이 더 특별하게 느껴졌다.

시각장애인인 그는 보지 못하는 대신에 듣고 느끼고 경험하며 살아왔다. 그가 이 책에서 나누는 경험은 그저 일상적인 이야기가 아니었다. 나에게는 일상적인 것들이 그의 눈에는 얼마나 간절하고 소중하게 다가갔을지 그리고 그가 어떻게 세상을 바라보고 또 그 안에서 도전하며 살아왔는지가 크게 와 닿았다. 나는 책을 읽는 동안 여러 번 가슴이 뛰었다. 그가 겪어온 수많은 도전과 그 도전들을 이겨낸 과정이 감동적이었다.

신순규 작가는 1967년 서울에서 태어나 9년간 아름다운 세상과 사람들을 보며 살았다. 그런데 아홉 살 때 그는 녹내장과 망막박리로 시력을 완전히 잃게 되었다. 그때부터 그의 세상은 보이지 않는 세계로 변했다. 그러나 그는 그 어떤 장애도 그의 꿈을 막을 수 없다는 걸 보여주었다. 어머니의 권유로 피아노를 배우며 음악에 대한 역량을 키운 그는 열세 살 때 미국 순회공연 중 오버브룩 맹학교의 초청을 받아 열다섯 살에 홀로 미국 유학을 떠난다.

그 이후 그의 삶은 변화를 거듭했다. 그는 음악을 포기하고 공부에 집중하기로 결심한 후 세계적인 명문 대학인 하버드 프린스턴 MIT 펜실베이니아 대학에 동시 합격하며 자신의 가능성을 증명했다. 그뿐만 아니라 하버드 대학에서 심리학을 전공하고 MIT에서 경영학과 조직학 박사 과정을 공부하는 등 뛰어난 학문적 성과를 이뤘다. 그의 삶은 단순히 학문적 성취에만 그치지 않았다.

시각장애인으로서 그는 장애인 직업의 장벽을 뛰어넘는 도전적인 길을 걸었다. '내가 첫 성공사례가 되자'라는 결심을 하고 투자은행 JP모건에 입사해 신용 애널리스트로 일했다. 그 후 2003년 시각장애인으로서는 세계 최초로 금융 분야의 최고 자격증인 CFA를 취득했다. 현재 그는 브라운 브라더스 해리먼에서 증권 애널리스트로 활동하고 있으며 그가 세상에서 받은 것들을 다시 돌려주기 위해 시각장애인과 난독증 학생들에게 녹음교과서를 제공하는 활동을 비롯해 여러 선교 및 사회적 활동을 이어가고 있다.

그의 이야기를 읽으면서 나는 일상에 대한 깊은 생각을 하게 되었다. 우리는 모두 고유한 일상을 살아가고 있지만 그 속에서 어떤 것을 소중히 여길지 무엇을 중요한 가치로 삼을지가 각자의 선택에 달려 있다.

작가는 눈이 보이지 않는 어려움 속에서도 보지 못하는 대신 듣고 느끼고 경험하면서 일상에서 얻을 수 있는 많은 것들을 소중히 여겼다.

나는 그가 책에서 언급한 다섯 가지 소중한 것들을 기억한다. 그것은 본다는 것 꿈 가족 일 나눔이다. 우리가 일상에서 흔히 지나칠 수 있는 것들이지만 그에게는 모두가 삶을 지탱하는 중요한 요소였다. '본다는 것'은 그의 삶에서 얼마나 중요한 가치였는지 우리는 그의 눈을 통해 일상에서의 작은 기적들을 다시 보게 된다.

책을 읽고 난 뒤 나는 나의 일상을 되돌아보게 되었다. 평범한 일상 속에서 지나치기 쉬운 순간들이 사실은 그 무엇보다 소중하다는 걸 깨달았다. 우리는 종종 삶의 작은 어려움에 집중하고 그것에 얽매여서 더 큰 의미를 놓치는 경우가 많다. 나는 신순규 작가의 책을 읽으면서 삶에서 당연한 것들을 당연하게 여기지 않고 그 소중함을 잊지 않도록 해야겠다고 다짐했다. 일상 속에서 지나칠 수 있는 소소한 것들이 결국 나의 삶을 더욱 풍요롭고 의미 있게 만든다는 걸 깨달은 것이다.

저자는 자신이 닥쳐온 수많은 도전들을 이겨낼 수 있었던 이유로 소중한 것들을 잊지 않았다고 말한다. 이 말은 내가 지금까지도 항상 마음속에 새겨야 할 진리 같았다. 나도 누군가의 남편이자 아빠로서 또 친구와 동료로서의 역할을 충실히 하고 있다. 하루하루 살아가는 것이 때로는 힘들기도 하고 지치기도 한다. 하지만 그 속에서도 내가 잃지 말아야 할 것들이 있다. 그것은 내 가족 나의 꿈 그리고 내가 세상에 나눌 수 있는 가치들이다. 신순규 작가처럼 나는 더 나은 사람으로 성장하려면 일상에서 감사함을 느끼며 살아야 한다는 것을 알게 되었다.

책을 다 읽은 뒤 나는 일상 속에서 느껴지는 감사의 마음을 놓치지 않으려 노력했다. 내가 보지 못하는 것들 내가 느끼지 못하는 감정들을 되새기며 살아가야겠다는 결심을 했다. 나에게 주어진 하루하루가 기적처럼 소중하고 그 속에서 내가 느끼는 것들이 얼마나 큰 의미를 지니는지를 매일 자각하면서 살아가야겠다. 신순규 작가의 삶에서 느껴지는 강한 의지와 도전 정신을 따라가며 나도 내 삶에서 소중한 것들을 잊지 않도록 해야겠다. 그가 우리에게 전하는 메시지는 분명히 하나였다. 어려움 속에서도 소중한 것들을 잃지 않고 그 안에서 희망을 찾아가라는 것.

이 책을 통해 나는 일상이라는 단어의 의미를 다시 한 번 되새기게 되었다. 우리가 너무 쉽게 지나칠 수 있는 일상 속에서 사실은 삶의 가장 중요한 것들이 숨어 있다는 사실을 깨달았다. 그리고 이제는 그 일상 속에서 나 자신과 주변 사람들을 더욱 아끼고 사랑하는 사람이 되어야겠다고 다짐했다.

# 말 한 마디의 힘

우리의 삶은 수많은 말들 속에서 살고 있다. 아침에 눈을 뜨며 나누는 인사 하루 동안 듣고 말하는 대화 누군가의 말 한 마디에 웃기도 하고 울기도 하는 매일 그 가운데 한 마디는 때로 우리 인생을 바꾸는 힘이 되기도 한다. 어떤 말은 삶의 방향을 돌려놓고 또 어떤 말은 끝내 포기하려던 마음을 붙잡아주기도 한다.

속담에 말 한 마디로 천 냥 빚도 갚는다는 말이 있다. 말의 힘이 그만큼 크다는 이야기다. 사람 사이에서 오고 가는 말은 단순한 소리가 아니다. 그것은 감정이고 생각이며 때로는 운명을 움직이는 촉매가 되기도 한다. 아무리 오랜 시간 쌓인 오해라도 진심 어린 사과의 한 마디면 풀어질 수 있고 아무리 깊은 상처라도 따뜻한 위로의 한 마디면 다시 일어설 수 있는 용기를 얻게 된다.

하지만 모든 말이 언제나 좋은 결과만을 가져오는 것은 아니다. 같은 말이라도 누구에게 어떤 상황에서 하느냐에 따라 그 의미는 달라진다. 농담처럼 던진 말이 누군가에게는 상처가 되고 진심 없이 건넨 위로가 오히려 차가운 벽처럼 느껴질 수도 있다. 그렇기 때문에 우리는 말을 한다는 것이 단지 입을 움직이는 일이 아니라는 걸 알아야 한다. 그것은 상대를 이해하려는 마음에서 시작되어야 하고 그 마음이 말 속에 자연스럽게 스며들어야 한다.

살아가면서 우리는 수많은 말들을 듣고 또 말하게 된다. 그중에서 유독 오래 기억에 남는 말이 있다. 어려운 시절 누군가가 건넨 괜찮아 잘하고 있어 라는 한 마디 실패 앞에서 고개 숙였을 때 누군가가 말한 이것도 지나갈 거야라는 위로 반대로 아무렇지 않게 들은 말 한 마디가 가시처럼 마음에 박혀 오랫동안 고통을 주기도 한다. 말의 무게는 듣는 사람의 마음에 따라 달라지는 법이다.

나는 한때 지독한 방황 속에서 살았다. 그때마다 힘이 되었던 것은 거창한 충고가 아니었다. 오히려 친구의 짧은 한 마디, 어머니의 조용한 말 한 마디가 더 큰 위로였고 나를 다시 일으켜 세우는 원동력이 되었다. 사람의 마음을 움직이는 말은 화려하거나 길 필요가 없다. 진심이면 된다. 마음을 담아 전한 말은 길지 않아도 깊게 남고 오래도록 기억된다.

어느 날 우연히 들은 이야기 하나가 있다. 한 중년 남성이 삶을 비관해 극단적인 선택을 하려는 순간 지나가던 아이가 무심코 건넨 아저씨 오늘 날씨 참 좋죠? 라는 말에 멈칫했다고 한다. 그 말 한 마디가 그의 삶을 멈추게 했고 결국 다시 살아갈 용기를 얻었다는 이야기였다. 아이는 아무 생각 없이 건넨 인사였지만 그 말은 누군가에게는 생명을 구하는 말이 된 것이다.

우리는 서로를 향해 하루에도 수십 수백 마디의 말을 한다. 그중 대부분은 아무런 기억도 남기지 못한 채 사라지지만 단 한 마디는 어떤 이의 가슴에 평생 남기도 한다. 그렇기에 말은 언제나 조심스럽게 진심으로 해야 한다. 가볍게 뱉은 말이 누군가에겐 무거운 상처가 될 수 있다는 사실을 늘 마음속에 새겨야 한다. 물론 때때로 우리는 실수도 하고 순간의 감정에 휘둘려 거친 말을 하기도 하고 후회스러운 말로 관계를 어긋나게 하기도 한다. 하지만 회복하게 만드는 힘 또한 갖고 있다. '미안해 고마워 사랑해'라는 단어들은 짧지만 관계를 회복시키는 가장 강력한 언어다.

말은 칼이 될 수도 있지만 약이 될 수도 있다. 어떤 말이 될지는 말하는 우리의 선택에 달려 있다. 세상이 점점 빠르고 복잡해질수록 우리는 말의 본질을 잊고 살아가는 듯하다. 댓글 하나 메시지 하나에도 감정이 섞이고 상처가 오가는 시대 말의 진심은 점점 사라지고 즉흥적이고 감정적인 말들이 오히려 앞서가는 세상 속에서 우리는 한 마디의 힘을 다시 생각해봐야 한다.

말이란 결국 사람과 사람 사이를 잇는 다리다. 그 다리를 튼튼하게 만들기 위해서는 신중하고 따뜻한 언어가 필요하다. 우리가 건네는 말이 언제나 상대의 마음에 닿기를 그리고 그 말이 힘이 되기를 바라본다. 오늘 누군가에게 건넬 한 마디는 어떤 말일까? 그 말이 위로가 되고 격려가 되고 용기가 되기를 바라고 그 말이 또 다른 따뜻한 말을 낳는 씨앗이 되어 우리의 삶을 조금 더 부드럽고 따뜻한 세상이 되기를 기대해본다.

# 말하는 것

친구가 종종 하는 말이 있다. 오늘도 잘 지나갔다. 내일은 감당할 수 있을 정도로만 힘든 일이 왔으면 좋겠어. 그 말은 투정처럼 들리지만 실은 하루를 견뎌낸 자의 절실한 외침이고 내일을 향한 조심스러운 위로이자 다짐이다. 어떻게 살아가야 할지 모르지만 무작정 내일로 뛰어드는 나 자신에게 잘 견뎌보자 무너지지 말자 잠시만 흔들리자고 말해주는 것이다.

그런 말 한마디에 기대어 다시 힘을 낼 수 있다고 친구는 말한다. 우리가 무심히 보내는 일상이 누군가에겐 간절히 바라는 하루일 수도 있다. 그래서일까. 우리는 자주 무슨 일 없으시죠? 안녕하신가요? 같은 인사말을 건넨다. 하루하루가 만만치 않아 평안하길 바라는 마음으로 안부를 묻는다.

그렇다면 감당할 수 있을 정도의 힘든 일이란 무엇일까? 어디까지가 감당 가능하고 어디부터가 무너짐일까? 우리는 미래의 고통에 대해 미리 대비하기보다, 기왕이면 힘든 일이 생기지 않길 바란다. 괴로운 일이 닥치면 그때 가서 견디고 이겨내면 되는 것이라 믿고 굳이 앞당겨 걱정하며 살 필요는 없다고 생각한다. 그냥 살아가는 것도 벅찬데 오지도 않은 일에 마음까지 끌어다 쓰는 건 스스로를 지치게 할 뿐이다.

우리는 날마다 셀 수 없이 많은 말을 하며 살아간다. 그중엔 사랑스럽고 따뜻한 말도 있지만 누군가의 마음에 상처를 남기는 말도 있다. 말에는 향기와 사랑이 담길 수도 있고 독과 칼이 숨겨질 수도 있다. 어떤 말은 사람을 살리고 성장시킨다. 그러나 또 어떤 말은 상처를 남기고 때로는 죽음까지 이르게 만든다.

그렇기에 이왕이면 좋은 말만 하고 살면 어떨까. 말하는 사람과 듣는 사람 모두 기쁨과 행복으로 채워지는 삶 그것이 말의 힘이다. 행복은 멀리 있지 않다. 작은 말 한마디, 작은 행동 하나에서 시작된다. 타인을 험담하는 말보다는 칭찬하는 말이 상처를 주는 말보다는 위로의 말이, 비난보다는 격려의 말이 우리 모두의 삶을 더 따뜻하게 만든다.

톰 소여의 모험을 쓴 마크 트웨인은 멋진 칭찬 한 마디면 그것만 먹고도 두 달은 살 수 있다고 했다. 요즘 사람들은 음식이 없어 굶는 것이 아니라, 격려와 칭찬 그리고 긍정적인 말에 굶주려 있다. 복잡하고 각박한 현대사회에서 서로에게 전하는 따뜻한 말들은 이 세상을 훨씬 더 밝게 만든다. 사랑은 기적을 낳는다. 괴로움에 지쳐 있는 이웃에게 건네는 따뜻한 말 한마디가 그 사람에게 다시 일어설 힘이 되고 용기가 된다. 말 속에 향기가 있고, 사랑이 있다. 그런 말들을 주고받으며 살아가는 세상이라면 얼마나 좋을까 하지만 현실은 그렇지 못하다.

우리는 때때로 독이 담긴 말을 아무렇지 않게 내뱉는다. 보이지 않는 곳에서 험담하고 남의 약점을 들춰내며 뒷담화를 즐기고 때론 무심코 상처를 주는 말을 하기도 한다. 특히 익명성이 보장되는 온라인 공간에선 말이 더욱 날카로워진다. 막말과 악플은 누군가의 마음에 큰 생채기를 남긴다. 내가 직접 그런 말을 하지 않았더라도 그것을 보고 고개를 끄덕이며 공감한다면 이미 같은 말을 한 것이나 다름없다.

분노가 치밀고 감정이 격해질 때 우리는 쉽게 입을 열고 싶은 충동을 느낀다. 하지만 마음속 생각을 전부 말로 내뱉는 것은 절대 현명하지 않다. 말이란 돌아올 수 없는 화살처럼 한번 뱉으면 주워 담을 수 없다.

군 시절 자주 들었던 말이 있다. '말이 씨가 된다'. 대부분 부정적인 의미로 쓰였지만 나는 그 말을 긍정적으로 바꿔 보고 싶다. 나쁜 말이 씨가 되어 나쁜 일이 생긴다면 좋은 말을 심으면 좋은 일이 생기지 않을까? 우리가 심는 말의 씨앗이 바로 우리의 미래가 된다. 좋은 말로 좋은 씨를 심고 정성껏 가꾼다면 언젠가 아름다운 열매가 맺힐 것이다.

많은 말들 중에서 내가 생각하는 가장 귀하고 아름다운 말은 칭찬과 격려다. 이런 말들은 듣는 사람뿐 아니라 말하는 사람에게도 놀라운 변화를 가져온다. 말은 곧 삶을 바꾸는 힘이다. 변화를 원한다면 말부터 바꿔야 한다.

우리가 하루 중 가장 많이 듣는 말은 내가 나에게 하는 말이다. 내 입을 통해 나오는 말들이 내 귀에 들어오고 그 말이 내 생각을 만들고 생각이 습관이 되며 습관이 인생을 결정한다. 내가 지금 무슨 말을 하고 있는지 돌아봐야 한다. 내가 내 삶을 어떻게 이끌고 싶은지 알고 있다면 그에 걸맞은 말로 나를 채워야 한다. 결국 말은 씨앗이다. 말은 내가 누구인지를 드러내고 내가 누구로 살아갈지를 정한다. 좋은 말을 심고 따뜻한 말을 나누자. 그 말이 내 삶을 바꾸고 내 곁의 사람들을 바꾸고 결국은 세상을 조금 더 따뜻하게 만들 것이다.

# 산다는 것은

산다는 것은 무엇일까 그런 생각이 들었다. 사람들은 각자의 삶을 살아가면서 수없이 많은 질문들을 품고 산다. 그중에서도 가장 단순하면서도 깊은 질문이 바로 산다는 것은 무엇인가라는 물음 아닐까 나 역시 그 답을 찾아가는 중이다. 그리고 어느 날 마음속에서 조용히 떠오른 한 마디가 있었다. 산다는 것은 기다리는 것이다.

어쩌면 우리는 하루하루를 기다림으로 채워가며 살고 있는지도 모른다. 눈을 뜨는 아침부터 다시 눈을 감는 저녁까지 우리는 끊임없이 무언가를 기다린다. 사랑하는 사람을 기다리고 그리운 이의 소식을 기다리고 오늘보다 나은 내일을 기다린다. 혹은 전혀 뜻하지 않던 이별을 슬픔을 아픔을 기다리는지도 모른다.

기다림은 누구에게나 공평하다. 가진 자나 그렇지 않은 자 명예를 가진 사람이나 평범한 이들 모두 예외는 없다. 사람은 물론이고 동물도 나무도 꽃도 자연도 기다린다. 겨울이 가고 봄이 오길 기다리고 해가 지면 다시 뜨기를 기다린다. 그렇게 우리는 저마다의 기다림 속에서 오늘을 견디고 내일을 꿈꾼다. 하지만 기다림이란 단순히 수동적인 상태가 아니다. 그 안에는 감정이 있고 선택이 있고 태도가 있다.

어떤 기다림은 설렘으로 가슴을 뛰게 만들고 또 어떤 기다림은 가슴 한켠을 찌르듯 아프게 만든다. 때로는 짧은 기다림이 생의 전부를 바꾸기도 하고 길고도 긴 기다림이 결국 아무것도 아닌 채 허무하게 끝나기도 한다. 그러나 그 모든 기다림에는 나름의 의미가 있다. 기다리는 시간은 우리의 마음을 깊게 하고 사람을 다듬는다.

나이가 들어갈수록 이 기다림의 의미는 더욱 선명해진다. 젊은 시절에는 앞만 보고 달려가느라 기다림이란 말을 별로 의식하지 못했다. 그런데 이제는 안다. 조용히 흘러가는 시간 속에서 우리가 마주하는 모든 순간들이 기다림과 연결되어 있다는 것을

아이를 기다리는 부모의 마음 사랑하는 사람의 문자를 기다리는 마음 수술실 앞에서 가족의 안녕을 기도하며 기다리는 마음 모두가 그 기다림 속에서 생의 가장 간절한 순간을 경험한다. 그러고 브면 사랑도 기다림이고 믿음도 기다림이며, 희망 역시 기다림에서 비롯된다. 나도 많은 기다림을 겪으며 살아왔다. 누군가의 변화를 기다리고 마음이 전해지길 기다리고 내 스스로가 조금 더 나은 사람이 되길 기다려왔다. 그 기다림 속에서 실망하기도 하고 감동하기도 했다. 때로는 포기하고 싶은 마음도 들었지만 결국 다시 기다릴 수밖에 없었다.

누군가는 이렇게 말할지도 모른다. 왜 기다리느냐 그냥 행동하면 되지 않느냐고 맞는 말이다. 하지만 모든 것이 내 의지대로 되는 세상은 아니기에 인간은 기다릴 수밖에 없는 존재다. 그 기다림은 무력함이 아니라 견딤이고 받아들임이며 인생을 향한 겸허한 자세일지도 모른다.

기다림이 늘 아름답지만은 않다. 고통스러운 기다림도 있다. 기대가 무너지는 순간 희망이 절망으로 바뀌는 순간도 있다. 하지만 그런 순간조차 기다림이 있기 때문에 가능하다. 아무것도 기대하지 않는 사람에게는 실망도 없다. 즉 기다림은 살아있다는 증거다. 마음을 쓰고 있다

는 증거다.

삶이란 결국 그런 기다림과 함께 흘러간다. 좋은 날을 기다리고, 좋은 사람을 기다리고 좋은 나를 기다리며 오늘을 살아간다. 때로는 기다림이 실망으로 끝나더라도 그 기다림 자체가 내 삶을 의미 있게 만든다. 하루하루의 작은 기다림 들이 모여 한 사람의 인생을 만든다.

돌이켜보면 지금의 나는 수많은 기다림의 결과로 여기까지 왔다. 사랑하는 가족이 생기고 자식들이 자라났으며 늦은 밤 따뜻한 집으로 돌아올 수 있는 오늘이 되었다. 그리고 여전히 나는 기다리고 있다. 내일이 조금 더 따뜻하길 마음이 조금 더 너그러워지길 삶이 조금 더 아름답길 기다림이 때로는 형벌처럼 느껴질 때도 있다. 그러나 다른 한편으로는 기다림이야말로 신이 인간에게 준 가장 아름다운 선물일지도 모른다. 우리에게 그 기다림을 감당할 시간이 있다는 것 그 시간을 함께 할 사람이 곁에 있다는 것 그것이야말로 가장 큰 축복 아닐까.

죽는 날까지 우리는 기다림과 함께 살아갈 것이다. 그것은 끝없는 여행과도 같다. 어느 날은 설레는 여행이고 어느 날은 고된 여행이다. 하지만 그 모든 여정 속에서 우리는 살아 있음을 느낀다. 산다는 것은 기다림을 만나는 것이다.

그 기다림 속에서 울고 웃고 사랑하고 아파하며 우리는 조금씩 사람다워진다. 그리고 그 기다림 끝에서 결국 살았다고 말할 수 있게 된다. 나는 또 다른 기다림으로 설렌다.

# 머리가 복잡할 때

겨울이 오면 항상 준비하는 물건이 있다. 바로 썰매다. 눈이 오거나 얼음이 얼면 썰매를 차에 실어 집 근처나 사람이 적은 저수지 냇가 등으로 다닌다. 몇 년 전부터 썰매를 타면 정말 즐거워하고 행복해하던 아내가 겨울마다 썰매를 챙기게 된 이유였다. 그러던 어느 날 오랜만에 썰매를 타고 놀다가 넘어지면서 어깨 탈골과 뼈가 부러졌다. 겨울의 즐거움이 이렇게 큰 고통으로 바뀔 줄은 상상도 못했다.

사고가 난 토요일 여러 병원을 찾아가 봤지간 대부분 문을 닫았다. 걱정이 커져가던 차에 성남 의료원 응급실을 갔다. 다행히 의사를 만났고, 뼈를 맞추고 집으로 돌아올 수 있었다. 다음날 가까운 병원에 갔더니 수술을 권유받았지만 수술을 꺼리는 아내의 의견에 따라 수술은 하지 않기로 했다. 대신 긴 시간 동안 뼈가 붙기를 기다리며 재활에 집중하게 되었다. 그렇게 7개월을 병원에 다니며 많은 시간과 비용을 지불했다. 하지만 그 시간을 통해 여러 가지 생각을 할 수 있었다.

매일 썰매를 타고 그날은 너무 넓은 곳에서 썰매를 끌어보라고 해서 다친 것이다. 썰매 하나 타는 것도 마음대로 되지 않고 작은 실수로도 큰 고통과 상처를 입을 수 있다는 것을 알게 되었다. 경험을 통해 나는 많은 교훈을 얻었다. 우리가 살아가면서 힘든 일이나 어려운 일을 마주할 때 대부분은 그것을 피하거나 회피하려 한다. 그러나 현실은 그렇지 않다. 피한다고 모든 문제가 해결되지 않는다. 오히려 부딪히며 살아가는 것이 중요하다. 내 삶에 어려움이 닥쳤다면 그 원인이 어디서 시작됐는지 생각해보고 조금씩 고쳐 나가야 한다. 그렇게 해야만 그 어려움을 극복할 수 있다.

내가 생각을 바꾸지 않으면 부정적인 감정이나 생각은 계속해서 나를 따라다니게 된다. 그리고 그것은 주변 사람들에게도 영향을 미친다. 내가 힘든 시기 동안 나로 인해 주변 사람들도 힘들었을지도 모른다.

내 말투가 날카로워졌거나 끊임없이 힘든 얘기를 했을 수도 있다. 그런 친구가 있다면 사과하고 다시 사이를 돈독히 만들어가는 것이 중요하다. 어떤 일이든 힘든 시절을 함께 나누며 지켜준 사람에게 감사한 마음을 표현하는 것이 나와 주변 모두에게 좋은 일이 될 것이다.

삶이 힘들고 괴로울 때 그것이 내가 실패한 삶이라는 생각은 하지 말아야 한다. 어려움은 언제나 존재하는 것이다. 그것이 내가 잘못 살아온 인생을 의미하는 것은 아니다. 완전한 행복이란 존재하지 않지만 우리가 그것을 만들어가는 것이다. 부정적인 감정이나 슬픔이 들 때 억지로 기분을 전환하려 애쓰기보다는 솔직하게 표현하는 것이 더 좋다. 힘들 때는 힘든 대로 고달프면 고달픈 대로 그것을 인정하고 표현하는 것이 중요하다.

그리고 삶이 허기질 때 잠시 추억에 잠겨보자. 사랑하는 사람들과 함께 둘러앉아 맛있는 음식을 먹으며 내가 빛나던 때를 기억하면서 힘든 순간을 잠시 내려놓자. 그렇게 잠시 내려놓고 나면 다시 일어설 힘을 얻게 된다.

나의 삶이 힘들고 어려울 때, 밖으로 나가서 마음이 시원해질 때까지 걸어보자. 때로는 내 의지와 상관없이 날씨가 좋지 않을 때도 있다. 바람이 불고 비가 내리고 눈이 올 수도 있다. 삶은 그런 것이다. 고달프고 힘든 때가 오기도 하고 다시 밝고 맑은 날이 오기도 한다. 그런 날들을 겪어가며 우리는 성장하고, 나아간다.

배고픈 때가 있으면 배부를 때도 온다. 삶이 고달프고 힘들면 모두를 내려놓고 가장 눈부셨던 자신의 모습을 떠올려 보자. 그때의 나를 기억하며 지금의 어려움을 이겨낼 수 있는 힘을 얻자. 나의 삶이 힘든 시기라면 과거의 행복했던 기억과 즐거웠던 시간들을 떠올려 보자.

그런 추억은 우리의 마음을 따뜻하게 해주고 어려운 시기를 헤쳐 나가는 힘이 된다. 새로운 내일과 미래를 꿈꾸며 오늘을 살아가자. 그렇게 한 걸음 한 걸음 나아가며 조금씩 더 나은 삶을 만들어 가자.

# 버티자

아내는 시력을 잃었다. 지금은 전맹의 시각장애인이며 점자 강사로 일하고 있다. 어린 시절까지만 해도 일반적인 일상을 살아갔다. 그러나 스무 살 무렵 시야가 점점 좁아지고 통증이 심해지며 병원을 찾았고 녹내장 진단을 받았다. 이후 수차례 수술과 약물치료를 받았지만 시신경은 점점 손상되었고 결국 아무것도 볼 수 없는 상태가 되었다. 각막 이식도 받았지만 시력을 되찾을 수는 없었다.

육체적인 고통도 컸지만 그녀가 말하길 진짜 두려움은 앞이 보이지 않는 삶 그 자체였다고 한다. 답답함과 억울함도 있었지만 가장 무서웠던 것은 사회가 시각장애인을 바라보는 시선이었다. 도와주지 않으면 아무것도 할 수 없는 존재로 여겨지는 것이 더 큰 상처였다고 했다.

하지만 아내는 그 현실을 받아들였고 그저 버티는 삶이 아닌 주체적으로 살아가기로 결심했다. 신앙과 단단한 마음을 바탕으로 장애인 학교에 입학해 점자 안마, 침술 등을 배웠고 점자를 통해 시각장애인들이 글을 읽을 수 있도록 돕는 일을 시작했다.

점자 강사로 활동하면서 아내는 다시 자신감을 얻었고 학생들에게도 당당하게 살아가는 법을 가르치기 시작했다. 단순히 지식을 전달하는 것을 넘어 장애에 대한 인식 개선에도 힘썼다. 그녀는 장애인이라는 이름 뒤에 숨지 않고 당당하게 사회의 한 구성원으로 살아가고 있다.

그런 아내를 곁에서 지켜보며 나는 종종 이런 생각을 한다. 이 세상에는 여러 위인들이 있지만 아내 또한 그들 못지않은 훌륭한 사람이라는 것 보통 사람들은 어려운 일이 닥치면 쉽게 포기하지만 아내는 고통과 절망을 받아들이고 오히려 감사하며 살아간다. 그런 그녀의 모습은 내가 어떤 위대한 성인을 대할 때처럼 경이롭고 존경스럽다. 또한 가까이서 아내를 지켜보며 놀라운 점을 하나 더 깨달았다. 한 기관이 퇴화하면 다른 기관이 예민해진다는 것 아내는 한 번 들은 목소리는 잊지 않고 아주 작은 소리도 정확히 듣는다. 후각도 예민해져서 냄새만으로도 사람이나 상황을 파악한다. 내가 아무 말도 하지 않아도 냄새만으로 무엇을 하고 있었는지 알아차릴 정도다.

우리는 보통 눈으로 세상을 본다. 하지만 눈을 잃은 아내는 귀와 코로 손끝으로 세상을 느끼며 살아간다. 소리는 눈으로 볼 수 없고 손으로 만질 수도 없다. 오직 귀로만 들을 수 있다. 향기는 눈으로 볼 수 없고 입으로 맛볼 수도 없다. 코로만 온전히 느낄 수 있다. 아름다움은 눈으로 보는 것이지만 눈이 아닌 다른 감각으로도 충분히 느낄 수 있는 세상이 있다는 것을 아내를 통해 알게 되었다.

하루하루를 살아가는 건 늘 같아 보이지만, 똑같은 날은 없다. 어제와 같지 않은 오늘을 우리는 맞이한다. 그래서 우리는 내일이라는 이름의 희망을 기다리며 산다. 오늘 하루가 조금 더 특별했으면 좋겠다고 내 인생 단 한 번뿐인 이 하루에서 내가 주인공이 되었으면 좋겠다고 나는 늘 바란다.

삶을 살다 보면 누구나 힘든 일을 겪는다. 때론 아무것도 하고 싶지 않고 주저앉고 싶은 순간도 온다. 그런 순간에 내가 떠올리는 것은 아내의 이야기다. 눈앞의 세상이 무너졌을 때도 그녀는 무너지지 않았다. 오히려 그 속에서 새로운 세상을 열었고 다른 사람들에게도 힘이 되는 삶을 살아가고 있다.

힘들 때 필요한 건 버티는 마음이다. 상황은 갑작스럽게 바뀌고 그로 인해 큰 상실감과 두려움을 느낄 수 있다. 그럴수록 더더욱 버텨야 한다. 마음을 바꾸는 것이 먼저다. 힘든 일이 생기면 우울해지고 기운이 빠지는 건 당연하다. 하지만 그런 감정에만 머무르지 말고 마음을 다잡고 이 또한 지나가리라는 믿음으로 나아가야 한다.

물론 말처럼 쉽지는 않다. 하지만 그 시간을 지나면 분명 새로운 희망이 보이기 시작한다. 상황과 여건도 바뀌고 어느 순간 감사라는 마음이 자리 잡게 된다. 감사의 마음은 또 다른 삶의 의미를 만들어낸다. 그렇게 나의 삶이 단지 나만을 위한 것이 아니라, 다른 사람에게도 도움이 되는 삶으로 확장된다.

돈, 명예, 권력만이 인생의 전부는 아니다. 지금 내 인생이 평범하고 보잘것없어 보여도 나는 최선을 다해 살아가고 있다. 그런 나를 스스로 괜찮다고 인정하는 것이 중요하다. 인생은 언제든 바뀔 수 있다. 내일은 분명 더 나은 날이 될 수 있다. 그런 믿음을 품고 산다면 우리는 지금보다 더 행복하고 보람된 인생을 살아갈 수 있을 것이다.

# 사라져가는 기억

나는 종종 소하리의 과거를 떠올린다. 어린 시절의 소중한 추억들이 깃든 이곳은 내 삶에서 특별한 의미를 지닌다. 초등학교와 중학교를 함께 다녔던 친구들과의 시간 여름이면 저수지에서 수영을 하며 무더위를 식히던 순간들이 지금도 내 마음속에 선명하게 남아 있다. 우리는 시원한 저수지 물속에서 한없이 웃고 떠들며 시간을 보냈고 예비군 훈련장에서 공을 차며 하루를 즐겁게 보냈다. 그때의 소하리는 내게 세상에서 가장 평화롭고 행복한 공간이었다.

그러나 세월은 빠르게 흘렀고 소하리도 점차 변해갔다. 내가 기억하던 모습은 하나둘 사라지고 그 자리를 아파트와 상가 빌딩 그리고 KTX역 같은 현대적인 시설들이 차지하기 시작했다. 개발의 물결은 구석구석을 파고들었고 과거의 흔적은 점점 희미해졌다. 함께했던 친구들도 각자의 길을 따라 뿔뿔이 흩어졌고 이제는 자주 만나기조차 어렵다. 오랜만에 소하리의 거리를 걷다 보면 어린 시절 뛰놀던 장소를 찾기 어려울 만큼 낯선 모습에 문득 쓸쓸함이 밀려온다.

어느 날 문득 지나간 시절의 친구들과의 추억이 떠올랐다. 우리가 뛰어놀던 저수지는 이제 안전상의 이유로 수영이 금지되고 그 자리는 공원으로 바뀌었다. 예비군 훈련장 역시 사라지고 그 자리에 나무와 산책로가 조성되어 많은 사람들이 오가는 쉼터가 되었다.

이렇게 변해버린 소하리의 모습을 바라보며 우리가 잃어버린 것들에 대해 생각하게 된다. 더 이상 그때처럼 저수지에서 물놀이를 하거나 운동장을 달리며 웃을 수는 없지만 그 시절 함께했던 순간들은 여전히 내 마음 깊은 곳에 살아 있다.

변해가는 소하리를 바라보며 나는 행복이란 무엇인지 다시금 생각하게 된다. 과거의 추억 속에서 느꼈던 그 따뜻한 감정은 장소 때문이 아니라 그 안에서 함께 나눈 시간과 사람들이 있었기 때문이라는 걸 깨닫는다. 어린 시절의 소중한 기억이 지금의 나를 만들었고 지금 이 순간을 살아갈 수 있는 힘이 되어준다.

지금의 소하리는 과거와 많이 다르지만 나는 여전히 이곳을 사랑한다. 변해버린 거리와 풍경 속에서도 나는 새로운 추억을 만들어가고 있다. 과거가 소중했던 것처럼 지금 이 순간도 언젠가 돌아보면 그리운 기억이 될 것이다. 지금 내가 살아가는 이 시간 또한 언젠가 누군가에게 소중한 과거가 될 것이기에 나는 오늘을 충실히 살아가려 한다.

추억은 나에게 단지 회상에 그치는 것이 아니다. 그것은 현재를 소중히 여기게 만드는 힘이다. 우리는 살아가면서 많은 것을 잃지만 그 과정 속에서 새로운 것들을 발견하고 다시 소중한 것을 채워간다. 소하리의 변화를 지켜보며 느끼는 아쉬움 속에서 나는 또 다른 기대를 품는다. 지나간 시간은 다시 돌아오지 않지만 그 기억은 내 안에 여전히 살아 숨 쉬고 있다.

소하리 에서의 시간은 나에게 삶의 의미와 행복에 대해 많은 생각을 하게 했다. 변하지 않는 것은 없다. 그러나 그 변화 속에서도 우리가 잃지 말아야 할 것은 함께 나눈 순간에 대한 감사와 기억이다. 나는 오늘도 이 거리를 걷는다. 사라져간 풍경 위에 새로운 이야기를 하나씩 쌓아가며 소하리가 나에게 소중하듯, 나 또한 누군가의 기억 속에 따뜻하게 남고 싶다.

행복은 과거의 기억 속에만 머무는 것이 아니라 지금 이 순간 우리가 만들어가는 삶 속에도 있다. 나는 그렇게 소하리에서 또 하나의 추억을 만들며 오늘을 살아간다.

# 사람 사는 것이

사람이 살아가는데 필요한 것들이 많다. 많은 것들을 얻기 위해 열심히 돈을 벌고 그것들을 바꾸어 세상을 살아갈 때 쓴다. 요즘 학생들에게 꿈을 물어본다면 유투버, 운동선수, 연예인, 공무원 등 여러 가지 이야기를 한다. 그런데 이 모든 것의 기반은 돈이다. 단순하게 돈을 많이 번다는 이유로 이러한 것들을 꿈꾸며 산다고 한다.

세상 살아가는 것이 돈만 많으면 되는 것처럼 부모세대로부터 이야기를 많이 듣고 또한 돈이 많아야 사람 구실을 하며 살아간다고 믿기 때문에 이러한 생각들을 한다. 그럼 과연 돈이 많으면 사람구실을 하며 살아가고 행복한 것일까라는 의문이 생긴다. 우리나라 많은 돈을 가졌다고 생각되는 사람들의 뉴스를 보면 꼭 그렇지만은 않다고 생각한다.

재벌2세들의 탈선과 방황 그리고 우울증을 동반한 자살 뉴스를 통해 접하는 내용들을 보면 많은 돈이 있다고 꼭 행복하다고는 볼 수 없을 것이라는 생각을 하게 된다.

오래 전 지인과 이야기를 나누며 '보이는 것이 다 내 것'이라는 얘기를 들었다. 그때는 그 말이 조금 허무맹랑하게 들렸다. 세상에 내 것 아닌 것이 얼마나 많은데 눈에 보인다고 해서 다 내 것이 될 수는 없지 않느냐고 웃어넘겼다. 하지만 지인의 말은 그 뒤에 진심을 담고 이어졌다.

내가 지금 바라보는 저 산과 바다, 저 하늘빛을 가질 수는 없어도 누릴 수는 있잖아. 햇살이 따뜻하게 네 얼굴을 감싸는 그 느낌, 바람이 스쳐 지나가는 소리, 나뭇잎이 바람에 흔들리는 모습까지. 네가 그걸 느끼고 감사할 수 있다면 그건 네 거지.

그 말을 들으며 나는 한동안 말이 없었다. 우리가 매일 무언가를 소유하려고만 하다 보니 정작 이미 누리고 있는 것들을 깨닫지 못하고 살아온 건 아닐까 하는 생각이 밀려왔다. 돈으로 살 수 없는 것들이 우리 삶엔 얼마나 많고 소중한지 어쩌면 가장 값진 것들이 그런 것들이라는 걸 왜 잊고 사는 걸까.

우리는 자꾸만 더 높은 곳을 바라보고 더 많이 가지려 한다. 남들보다 뒤처지지 않기 위해 비교당하지 않기 위해 끊임없이 스스로를 몰아붙인다. 하지만 그렇게 손에 쥔 것이 과연 우리를 오래도록 행복하게 해주는가? 비싼 시계가 시간을 더 아름답게 만들어주진 않는다. 고급차를 탄다고 해서 인생의 속도가 달라지는 것도 아니다.

진짜 중요한 건 우리가 어디에 서 있는가가 아니라, 무엇을 보고 무엇을 느끼며 사는 가이다. 때로는 버스 창가에 앉아 졸다 깨어보면 해가 기울어 가는 하늘빛이 너무 아름다워서 마음이 조용히 젖을 때가 있다. 그런 순간이야말로 돈 주고 살 수 없는 귀한 시간이다.

얼마 전, 한 다큐멘터리에서 시골 마을에서 혼자 사는 할머니가 나왔다. 하루 종일 밭일을 하시고 나면 마당에 앉아 손으로 지은 밥을 드시며 오늘도 잘 살았다고 말씀하셨다. 그 말씀이 그렇게 깊게 가슴에 남을 줄은 몰랐다. 풍요롭다고 할 수 없는 삶이었지만 그 얼굴엔 여유가 있었고 감사가 있었다.

그 모습은 분명히 가진 자의 모습이었다. 돈이 아니라 마음을 가진 사람, 자기 삶을 껴안고 누릴 줄 아는 사람 말이다.

요즘 세상은 빠르고 복잡하다. 모든 것이 경쟁이고 효율이고 결과다. 그 속에서 사람마저도 이익이라는 저울 위에 올려놓고 재려 한다. 관계도 이해득실도 따지고 감정도 눈치껏 나눈다. 그러니 사람 사이에 따뜻함이 사라지고 믿음이 흔들리는 것이다.

우리는 본능적으로 안다. 진심 없는 관계는 오래가지 않는다는 것을 마치 억지로 붙인 종이처럼 시간이 지나면 떨어지고 마는 것이다. 그러니 무엇보다 소중한 건 함께 있음에 대한 진정성이다. 목적 없이 바라보는 눈 계산 없는 응원의 말, 그런 것이 관계를 살리고 삶을 아름답게 만든다.

그렇게 살아가는 사람은 어쩌면 가진 것이 없어 보여도 누구보다 풍족한 사람일지도 모른다. 가진 것을 누리는 것이 아니라 누릴 줄 아는 마음을 가진 이 감사할 줄 알고 나눌 줄 아는 사람, 그런 사람 곁에는 늘 사람들이 머문다. 마음이 쉬고 숨이 트이기 때문이다.

사람과의 관계에서도 돈 벌기 위한 수단을 사람을 만나거나 내가 가지려 하면 갖지 못하고 떠난다. 그 사람의 있는 그대로의 모습을 바라보고 잘되기를 바라는 마음과 좋은 면을 바라봐주고 응원할 때 나에게도 좋은 사람이 생기게 되는 것이다. 내 마음대로 필요할 때만 다가간다면 그 관계는 금방 어그러질 것이다. 마음대로 생각하고 필요할 때만 친한 척 아는 척 하는 것이 안타깝다.

내 것이 아닌 것을 내 것으로 생각하며 살아간다면 당장은 좋은 것 같지만 결국엔 많은 피해가 우리에게 돌아오게 된다. 욕심을 버리고 함께 살아가고자 고민하고 내 것을 만드는 것이 아니라 내가 누리는 것에 만족하며 함께 나누며 고마움과 감사의 마음으로 살아간다면 부자의 삶을 살 것이라 생각한다.

# 고등학교 친구와의 만남

얼마 전 40년 만에 고등학교 친구를 우연히 만났다. 그날은 평범한 하루였지만 그 친구를 다시 만나면서 특별한 하루가 되었다. 우리는 서로의 얼굴을 알아보는 순간 웃음이 터져 나왔다. 긴 세월이 흘렀지만 그때의 모습이 여전히 남아 있었다. 서로의 이름을 부르며 반갑게 인사하고 오래된 친구와 재회한 기쁨을 나눴다.

우리의 만남은 과거와 현재가 교차하는 순간이었다. 고등학교 시절의 기억들이 하나둘씩 떠오르며 우리는 마치 어제 일처럼 생생하게 그 시절을 떠올렸다. 함께 놀던 운동장 시험 전날 밤새워 공부하던 교실 수학여행에서의 추억들… 모두가 다시 살아나는 듯했다.

이런 순간은 결코 우연히 찾아오는 것이 아니다. 시간이 흘러도 여전히 남아 있는 그 인연은 우리가 함께 보냈던 시간들의 결과이자 우리가 공유했던 기억들의 집합체이다. 친구와 다시 만나면서 나는 그때의 나와 지금의 내가 어떻게 이어져 있는지 또 그 시간이 어떻게 내 삶에 영향을 미쳤는지 다시 느꼈다.

그 시절 우리는 무수히 많은 꿈을 꾸었고 함께 성장했으며 그 꿈들을 향해 달려갔다. 그러나 시간이 지나면서 각자의 길을 걷기 시작했고 그렇게 멀어졌다. 그럼에도 불구하고 우리는 여전히 서로를 알아보고 그 시절의 따뜻한 기억을 나누며 다시 만날 수 있었다.

서로의 현재 삶에 대해 이야기하면서 우리는 각자의 길을 걸어온 세월의 흔적을 느낄 수 있었다. 친구는 이제 은퇴를 준비하며 새로운 취미를 찾고 있었고 나는 아직도 바쁜 일상 속에서 분주하게 살아가고 있었다. 나는 직장 생활에 매진하며 많은 일을 겪었고 친구는 가족과 함께 더 많은 시간을 보내며 삶의 여유를 즐기고 있었다. 그 차이는 명확했다. 하지만 그럼에도 불구하고 우리는 여전히 서로를 이해하고 서로의 삶에 대해 진심으로 궁금해 하고 있었다. 친구와 나 둘 다 시간이 흘렀지만 그 속에서 얻은 것들이 다르고 그것을 어떻게 받아들였는지에 대한 이야기를 나누는 것만으로도 충분히 의미 있는 만남이었다.

누군가를 만난다는 것은 단순한 우연이 아니다. 그것은 서로의 과거와 현재 그리고 다가올 미래가 교차하는 소중한 순간이다. 우리는 그 순간을 통해 다시 돌아오지 않을 오늘을 함께 만들어갔다. 비록 같은 시간을 함께 보냈지만 각자의 기억 속에 그 시간은 다르게 남아 있었다. 그러나 중요한 것은 그 시간들을 공유하며 지났기 때문에 다시 만났을 때 기분 좋게 웃을 수 있다는 사실이다. 우리가 함께했던 그 시절 그 순간들이 서로에게 여전히 깊이 새겨져 있고 그 기억이 지금의 우리를 만든 것이다.

우리의 과거는 이미 지나갔지만, 그 과거는 우리를 지금의 우리로 만들어주었다. 그리고 우리의 미래는 아직 다가오지 않았지만 그 미래는 우리가 만들어갈 것이다. 우리는 과거의 추억을 소중히 여기며 현재의 순간을 즐기고 미래를 향해 나아가야 한다. 그리고 우리는 다시 만났을 때도 웃을 수 있도록 지금의 삶을 잘 살아야겠다는 다짐을 하게 된다. 그것이 바로 인생을 사랑하는 방법인 것이다.

# 습관

며칠 전 자동차 열쇠를 또 잃어버렸다. 순간 당황했지만 곧 평소처럼 생각했다. 이번에도 어디 잘 뒀겠지 나는 중요한 물건일수록 일부러 더 눈에 띄지 않는 곳에 보관하는 습관이 있다. 문제는 잘 뒀다는 그 장소가 도무지 기억나지 않는다는 점이다. 결국 책장 위의 화분 뒤 거기서 열쇠를 찾았다. 예전에 서류도 거기 둔 적이 있었다. 그 장소는 내게 비밀 금고 같은 곳이었지만 그 존재를 자꾸만 잊는다는 게 아이러니하다.

이런 일은 한두 번이 아니다. 가끔은 양말을 짝짝이로 신고 나간 적도 있고 텀블러를 들고 나와선 정작 물을 안 채운 채 집을 나서기도 했다. 습관이란 게 이렇다. 반복되다 보면 실수인지조차 모른 채 살아가게 만든다.

어릴 적 부모님께서 자주 하시던 말이 있다. 세 살 버릇 여든까지 간다. 그땐 잔소리처럼 들렸다. 그러나 이젠 그 말이 자꾸만 마음에 남는다. 지금 내 삶을 둘러보면 어릴 적의 어떤 습관들이 그대로 나를 따라오고 있다는 걸 느낀다.

이를테면 방을 정리하겠다고 책상 서랍을 열어 놓고는 책을 뒤적이

다가 한참 다른 데 정신을 빼앗긴다. 그 상태로 시간이 지나고, 다른 일들에 휩쓸리다 보면 정리는커녕 책상만 더 어지럽혀진다. 그래 나란 사람은 원래 이래 그렇게 스스로를 이해한다고 믿으며 받아들였지만 그게 과연 이해였을까 아니면 포기였을까 사람은 쉽게 바뀌지 않는다. 특히 습관은 하지만 바꾸려는 마음을 품는 순간부터 조금씩 다른 길이 열리기 시작한다.

몇 년 전 아버지께서 건강 문제로 입원을 하셨을 때 일이었다. 평소 건강하신 편이라고 믿었기에 그 일이 내겐 적지 않은 충격이었다. 병실에 앉아 아버지를 바라보며 문득 이런 생각이 들었다. 그동안 나는 얼마나 많은 것들을 당연하게 여겨왔을까 그리고 그 당연함 속에 내가 무심코 이어온 수많은 습관들이 떠올랐다. 대충 먹는 식사 대충 넘기는 대화 대충 접어두는 생각들 그 모든 것이 삶을 조금씩 갉아먹고 있었던 건 아닐까 싶었다.

그날 이후 나는 조심스레 내 습관들을 들여다보기 시작했다.

가장 먼저 바꾼 건 아주 급하게 먹지 않기였다. 식탁에 앉아 음식을 천천히 씹고 반찬 하나에도 손길을 멈추는 연습을 했다. 처음엔 참 낯설었다. 그런데 신기하게도 천천히 먹으면 마음도 천천히 움직였다. 물론 회사에서는 여전히 빠르게 먹지만 습관은 단지 행동의 반복이 아니다. 그 속에는 나 자신을 대하는 방식이 숨어 있다. 그래서 어떤 습관을 바꾸는 일은 결국 내가 나를 다르게 바라보는 일이다.

그와 관련해서 예전부터 좋아하는 이야기가 하나 있다. 어느 날 한 남자가 오래된 책을 읽다가 귀한 보석에 대한 글을 발견했다. 그 보석은 세상에 단 하나뿐이며 너무 크지도 작지도 않고 값으로는 환산할 수 없는 귀중한 것이었다. 책은 그 보석이 어떤 바닷가의 자갈들 사이에 숨겨져 있다고 말한다. 자갈과 보석은 겉모습이 비슷하지만 단 하나의 차이점은 자갈은 차갑고 보석은 따뜻하다는 것.

남자는 곧 짐을 챙겨 바닷가로 떠났고 하루하루 자갈을 들어 손에 쥐고는 차가우면 바다로 던지는 일을 반복했다. 그 일은 점점 그의 일상이 되었고 시간이 흐를수록 무의식적으로 돌을 집어 던지는 행위만 남게 되었다.

그러던 어느 날 손에 쥔 돌이 따뜻했다. 그는 속으로 외쳤다. 찾았다 하지만 이미 몸에 밴 습관은 그 돌을 알아채기도 전에 다시 바다로 던지고 말았다.

이 이야기를 처음 접했을 때, 내 마음 어딘가가 얼얼해졌다. 혹시 나도 그러고 있는 건 아닐까? 소중한 무언가가 다가왔을 때 너무 익숙해진 습관 때문에 그것을 잡지 못한 채 흘려보내고 있는 건 아닐까, 내 삶에 이미 들어와 있는 따뜻한 것들을 무심코 차가운 것들과 똑같이 다루고 있는 건 아닐까 나는 지금도 실수하고 여전히 어떤 습관은 고치지 못한 채 살아간다.

하지만 예전과 다른 점이 있다면 이제는 그걸 자각하려 한다는 것이다. 조금 느려도 괜찮다고 다시 돌아가도 된다고 말해주려 한다.

나는 이제 작은 것부터 바꾸려 한다. 일어나자마자 핸드폰 대신 창문을 열고 물 한 컵을 마시는 것부터 버릇처럼 무심코 하던 행동에 잠깐 멈춤을 주는 것 그 멈춤이 내게 많은 걸 알려준다. 지금 이 순간을 제대로 살고 있는지 따뜻한 돌을 손에 쥐고 있는 건 아닌지 습관은 삶을 만든다. 그리고 나는 오늘도 나의 습관을 통해 나를 다시 만들어가고 있다. 언젠가 진짜 보석을 손에 쥐었을 때 절대 놓치지 않기 위해.

# 기름칠

회사 기계가 멈췄다. 처음엔 조그마한 소리가 들릴 뿐이라 대수롭지 않게 넘겼지만 며칠이 지나자 기계는 결국 고장 났다. 자동차 생산라인 중 하나가 멈추자 전체 라인이 모두 서버렸다. 고장 부품을 새것으로 교체하는 데만 한 시간이 걸렸다. 한 시간 동안 생산되지 못한 차량은 마흔여덟 대 금액으로 환산하면 수십억 원의 손해였다.

고장의 원인은 단순했다. 차량을 들어 올리는 데 쓰이는 모터와 연결된 부위에 주기적으로 윤활유를 주입해야 했는데 이를 소홀히 한 탓이었다. 작은 관심과 점검만 있었다면 충분히 예방할 수 있는 일이었다. 기계를 다루다 보면 처음엔 잘 작동하던 것도 시간이 지나며 마모되고 작동을 멈추곤 한다. 그런 기계가 오래도록 잘 돌아가려면 구동 부위에 적절히 윤활유를 칠해줘야 한다. 윤활유를 바르는 일은 단순히 기름을 붓는 행위가 아니다. 기계에 대한 이해와 관심 그리고 몸을 움직이는 실천이 따라야 한다. 아무데나 덧칠한다고 해서 해결되는 것도 아니다. 오히려 기계를 망치고 지저분하게 만들 뿐이다.

이 점은 인간관계에도 그대로 적용된다. 사람 사이에도 기름칠이 필요하다. 관계가 원활하고 부드럽게 이어지려면 서로에 대한 관심과 이해가 필수다. 상대방이 좋아하는 것, 싫어하는 것, 무엇에 마음이 움직이는지를 알아야 한다. 그러기 위해선 그 사람을 관찰하고 듣고 기억해야 한다. 그렇게 조금씩 기름칠을 하다 보면 마찰이 줄어들고 관계는 부드럽고 오래 간다.

요즘 언론을 보다 보면 안타까운 장면들이 자주 보인다. 말이 거칠어지고, 막말과 비속어는 물론이고 급기야 물리적 충돌까지 이어지는 경우도 있다. 사람의 말은 형체가 없지만 때로는 칼보다 깊은 상처를 남긴다. 극단적인 경우 말 한마디가 사람을 죽음으로 몰고 가기도 한다. 그런 말을 내뱉는 사람 역시 결국 자신도 깊은 상처를 입는다. 기계의 윤활유처럼 말에도 부드러움과 배려가 담긴 윤활유가 필요하다.

사람 사이도 그냥 내버려 두면 언젠가는 마찰이 생기고 서로 닳게 된다. 아무리 가까운 사이여도 부드러운 말이 오가지 않으면 관계는 삐걱거리다 결국 멀어진다. 그리고 말의 시작은 듣기다.

스위스의 정신과 의사이자 인격의학의 창시자인 폴 투르니에는 이렇게 말했다. 인격을 치유하는 대화는 누군가가 환자의 이야기를 들어줄 때 시작된다. 사람은 누군가 자신의 이야기를 강요나 간섭 없이 들어줄 때 편안함을 느낀다. 진짜 듣는다는 것은 귀만 열려 있는 것이 아니라 눈빛으로 표정으로 고개 끄덕임으로 공감하는 것이다.

진심으로 듣고 공감했다면 자신의 생각을 조심스럽게 전해야 한다. 다르다고 무작정 반대하지 말고 이해하기 쉽게 표현하는 것이 중요하다. 다름은 틀림이 아니다. 그 차이를 부드럽게 이어주는 것 그것이 바로 말의 윤활유다.

우리가 사용하는 말 중에서 그런 역할을 하는 말들이 있다. 사랑합니다. 감사합니다. 고맙습니다. 이런 말들이다. 자주 사용하다 보면 입에 익고 꼭 필요할 때 자연스럽게 나오게 된다. 이렇게 부드러운 말이 우리의 관계에 기름칠을 해준다. 그리고 그렇게 말의 윤활유를 잘 바를 줄 아는 사람이 사람과 사람 사이를 오래도록 이어주는 사람이다.

관계는 자연스럽게 유지되지 않는다. 신경 쓰지 않으면 어느새 삐걱거리기 시작하고 점검하지 않으면 큰 고장을 부른다. 그래서 우리는 늘 관심을 가지고 살펴야 한다. 말 한마디, 표정 하나, 사소한 태도 하나가 서로의 삶을 더 따뜻하게 만들 수도 차갑게 만들 수도 있다.

기계는 제때 기름칠을 하면 오래 쓸 수 있다. 사람 사이도 마찬가지다. 부드러운 말 한마디가 단단한 관계를 만든다. 말을 잘한다는 것은 결국 잘 듣고 잘 공감하고 잘 표현하는 것이다. 그런 윤활유가 사람 사이를 더욱 따뜻하게 데워줄 것이다.

# 산다는 것은 기다림

산다는 것은 무언가를 끝없이 기다리는 일이다.

하루가 다르게 변하는 세상 속에서도 인간은 본질적으로 기다리는 존재다. 눈을 뜨는 순간부터 다시 눈을 감는 그 순간까지 우리는 늘 무엇인가를 기다린다. 사랑을 만남을 이별을 소식을 기회를 계절을 결국엔 마지막 숨을 기다린다.

그 기다림이 때론 희망을 주고 또 때론 고통을 안긴다.

얼마 전 회사 동료들과 함께 바다낚시를 다녀왔다. 평소 사무실에서 많은 시간을 함께 보내지만 정작 마음을 나누는 시간은 드물었다. 그래서 이번 낚시 여행은 서로의 마음을 조금 더 들여다보고 낚시의 손맛까지 느낄 수 있는 특별한 기회였다.

미리 예약한 배를 타고 항구를 출발했다. 파란 하늘 아래 펼쳐진 넓은 바다는 생각만으로도 가슴을 시원하게 만들었다. 낚시를 즐겨 하는 동료에게 낚싯대를 빌려 장비를 갖추니 처음에는 시큰둥하던 이들도 점차 말이 많아지고 들떠 보였다. 바다 한가운데에 이르자 우리 모두는 흥분한 채 낚시를 준비했다. 낚싯줄을 던지며 누가 먼저 고기를 잡을까 설렘을 감추지 못했다.

하지만 낚시는 쉽지 않았다. 몇 번이고 낚싯줄을 올렸다가 내렸다 해도 물고기의 입질은 오지 않았다. 고기를 잡기 위해 포인트를 옮기고 채비를 바꾸고 참고 또 참았다. 하루 종일 바다 위에 머물렀지만 수확은 기대에 못 미쳤다. 그럼에도 기다리는 그 시간 자체가 이상하게도 싫지만은 않았다.

바다 위에서의 그 기다림은 마치 인생을 압축해 놓은 듯했다. 우리는 모두 무언가를 기다리며 살아간다. 아이를 기다리는 부모 연인을 기다리는 사람 소식을 기다리는 마음, 어느 순간 우리의 삶은 기다림으로 엮여 있다. 눈을 뜨면 사랑하는 사람을 기다리고 때론 미운 사람과의 이별을 기다린다. 약속된 미래를 기다리고, 때로는 끝나길 바라는 현재를 기다린다.

기다림은 누구에게나 평등하게 주어진다. 가진 자나 가난한 자 권력자나 평범한 사람 모두 기다림 앞에서는 다르지 않다. 인생은 기다림이라는 시간의 강을 함께 건너는 것이다. 그 기다림은 때로 익숙해질 것 같지만 결코 익숙해지지 않는다. 기다림의 이유와 대상에 따라 사람의 마음은 천차만별로 달라진다.

낚시에서 고기를 기다리는 마음과 화장실 앞에서 몸을 비틀며 기다리는 마음이 같을 리 없다. 출근길 버스를 기다리는 마음과 소개팅에서 설레는 마음으로 상대를 기다리는 것도 전혀 다르다. 어떤 기다림은 기쁨을 어떤 기다림은 불안을 어떤 기다림은 절망을 품고 있다. 기다림에는 수많은 감정이 깃들어 있다.

어떤 이는 짧은 기다림 끝에 인생의 문을 닫고, 또 어떤 이는 평생을 기다리며 살아간다. 그러나 사람뿐만 아니라 동물도 나무도 하늘도 모두 각자의 기다림을 품고 존재한다. 해가 뜨기를 기다리는 새 비를 기다리는 땅 봄을 기다리는 나뭇가지 기다림은 생명 있는 모든 존재에게 주어진 숙명이다.

기다림은 결코 무의미하지 않다. 기다림이 있기에 결실은 더욱 값지고 과정이 있기에 결과는 감동적이다. 우리는 인내하고 희망하며 살아간다.

기다림은 때로 사람을 괴롭게 하지만, 그 기다림을 견디는 힘은 우리를 더욱 단단하게 만든다. 행복은 찰나지만 그 행복을 위해 우리는 오랜 기다림을 감수한다. 인생은 짧은 행복을 위해 긴 기다림을 감내하는 여정이다.

기다림이 없는 삶은 존재하지 않는다. 오늘을 살아가는 우리는 여전히 내일을 기다리고 다음 계절을 기다리며 사랑을 용서를 만남을 기다린다. 그리고 결국엔 마지막 숨을 고요히 기다린다. 죽는 날까지 우리는 끊임없는 기다림의 여정을 걷는다. 기다림이 끝나야 삶도 끝난다.

그 기다림 안에 피와 땀, 눈물이 있지만, 그 안에 희망과 사랑, 용서와 기쁨도 함께 있다. 그렇게 우리는 기다림과 함께 살아간다. 기다림이 곧 인생이고 인생은 곧 기다림이다.

유 • 승 • 재 • 수 • 필 • 집

# 제2부

# 그리움의 장

# 전화

다시 호수에 돌이 던져졌다. 간신히 잔잔해졌던 물결은 다시 요동치기 시작했다. 오래도록 가슴을 울렁이게 했던 슬픔이 겨우 잦아들고 밥도 제대로 넘어가기 시작했는데 또다시 감정의 물살에 빠져 허우적댄다. 놀람과 애통의 파도가 나를 휘감는다.

작년 가을 어머니를 떠나보냈다. 오랫동안 익숙했던 어머니의 목소리는 환청처럼 머릿속을 맴돌았고 어느 순간 점차 흐릿해지며 사라져갔다. 잊혀지는 게 슬펐지만 시간이 흐른다는 것이 그런 것이라 여겼다. 그런데 이번에는 아버지였다. 정기검진을 받으시던 아버지에게 간암 말기라는 청천벽력 같은 진단이 내려졌다. 평소 몸을 끔찍이 아끼셨고 늘 건강을 우선하시던 분이기에 믿기지 않았다.

어머니의 마지막을 곁에서 지켜보며 당황스럽기보다 어떻게 잘해드릴 수 있을까라는 생각이 앞섰던 것처럼 아버지에게도 최선을 다하고 싶었다. 1차 항암치료를 하셨지만 너무 힘들다며 더는 하지 않겠다고 하셨다. 결국 치료를 멈추고 퇴원하신 아버지는 평소처럼 노인정을 다니고 시장 구경도 다니셨다. 그런데 그 무렵부터 달라진 게 하나 있었다. 전화를 자주 하셨다. 진단받기 전에는 먼저 전화하는 일이 거의 없으셨던 분인데 매일 전화를 하셨다. 뭐 하냐 오늘 회사 가냐 언제 오냐 하며 시시콜콜한 이야기를 물으셨다. 전보다 말씀이 많아지셨다.

회사에 있다 보면 전화를 받지 못할 때도 있었고 솔직히 일부러 안 받을 때도 있었다. 하지만 전화벨이 울릴 때마다 불현듯 든 생각이 있었다. 얼마나 걱정되고 얼마나 그리우시면 이렇게 전화를 하실까 그렇게 전화를 드리면 아버지는 밭에 상추 수확해놨으니 가져가라 하신다. 이제 그만 농사일 그만두시고 쉬시라고 해도 움직일 수 있을 때 움직여야지 하시던 아버지였다.

어느 날은 아침부터 아내가 두통을 호소하며 병원에 가자고 했다. 그때도 아버지에게 전화가 왔다. 김치 담가놨으니 가져가라고 하셨지만 아내가 아프다는 얘기는 차마 꺼내지 못했다. 저녁에 들를게요. 그렇게만 말씀드리고 아내를 데리고 병원에 갔다. 여러 검사를 받아야 해서 입원하게 되었고 그 사이 나는 누구에게도 연락하지 않았다. 3일 후 다행히 큰 이상은 없다는 결과가 나왔다.

그제야 밀린 전화 목록을 보았다. 아버지의 부재중 전화가 여러 통이었다. 급히 전화를 드렸더니 오던 중이었다. 그런 일 있으면 말했어야지 하시며 흰 봉투를 아내에게 건네셨다. 아프지 마라 그러시며 덧붙이신다. 큰 병은 나랑 너희 엄마가 다 가져갈 테니 너희는 건강하게 살아야지 정작 아프신 분이 우리 걱정을 하신다. 그 말을 듣는데 눈물이 솟구쳤다.

며칠 뒤, 아내와 함께 아버지를 찾아뵈었다. 아버지는 밝게 웃으시며 반겨주셨다. 점심 같이 먹자며 자주 가신다는 연안 식당으로 데려가셨고 우리는 꼬막 비빔밥을 먹었다. 식사 도중 문득 아버지의 시선이 내게 머물렀다. 눈길을 따라 바라보니 내 얼굴을 보시며 한마디 하신다. 너도 나이 많이 들었다.

그럼요 저도 사위 봤잖아요, 나이 들었죠. 아버지의 눈에 눈물이 맺힌다.

삶의 끝이 정해져 있다는 것을 아는 사람의 마음은 어떨까 3개월 2개월 숫자로 카운트되는 시간을 살아야 한다는 것은 얼마나 막막하고 두려울까 좀 더 잘해드려야겠다고 자주 전화 드리고 찾아뵈어야겠다고 마음을 먹지만 그 마음을 실천하기란 생각만큼 쉽지 않았다. 그러던 어느 날, 또 전화가 왔다. 아버지, 지금 바쁘니까 이따가 전화 할게요 그렇게 전화를 끊고 결국 전화 드리지 못했다.

매일같이 오던 전화가 요즘은 하루 한 통도 없는 날이 생기기 시작했다. 이제 나를 배려해서 덜 하시나 보다라고 생각했다. 하지만 그게 아니었다. 병원에 입원하셔서 기운이 없으셨던 것이다. 이제는 집으로 돌아오실 수조차 없다고 하셨다.

그 자주 오던 전화 귀찮다고 바쁘다고 받지 않았던 내가 미워졌다. 어머니를 떠나보내며, 부모님은 기다려주지 않는다는 사실을 뼈저리게 느꼈는데도 나는 여전히 바쁘다는 핑계로 외면했다. 아버지는 언제나 무슨 일 있으면 꼭 전화해라고 하셨고 나는 늘 필요한 거 있으시면 전화 주세요라고 했다. 그런데 이젠 아버지가 하신다. 너 바쁘지 않을 때 와라 병원을 나서며 나는 생각했다. 평생 가족을 위해 살아오신 아버지가 그 마지막 순간만큼은 아프지 않고 편안하셨으면 좋겠다고.

그리고 남은 시간 더 따뜻한 마음으로 보살펴드리겠다고 그 전화 한 통 그 안에는 사랑이 기다림이 그리고 마지막 작별의 예고가 담겨 있었음을 이제야 알아차렸다. 너무 늦지 않기를 바라는 마음으로, 나는 오늘 아버지께 전화를 건다.

# 보이는 것이 다 내 것인데

'보이는 것이 다 내 것이다.' 이 말을 들었을 때 나는 잠시 멈춰 생각에 잠겼다. 어릴 적엔 저 말이 마치 세상을 다 가진 자의 선언처럼 들렸지만 이제는 그 의미가 조금 다르게 다가온다. 모든 것을 소유하려는 욕망보다는 보이는 모든 것에서 감사하고 만족할 줄 아는 마음의 태도를 말하는 듯하다.

지인 한 사람이 있었다. 평소 자주 여기저기 아프다고 했지만 병원에 가도 특별한 이상이 없었다. 피로와 스트레스 그리고 무기력감이 원인일 거라는 말을 듣고 그는 새벽마다 학교 운동장을 걷기 시작했다.

처음에는 단지 몸을 움직여 보자는 가벼운 마음이었지만 시간이 지나며 몸도 마음도 가벼워졌다고 했다. 무엇보다 중요한 건 운동을 하면서 생긴 새로운 마음과 생각이었다. 걷는 동안 그는 세상을 다 가진 것처럼 보였고 그 순간 그가 말한 보이는 것이 다 내 것이라는 말이 떠올랐다.

나도 가볍게 운동도 하고 바람도 쐴 겸 화담 숲을 찾았다. 가지런히 다듬어진 나무들과 계절을 품은 꽃들이 줄지어 있고 푸른 산길을 따라 걸을수록 숨이 깊어졌다. 이마에 맺힌 땀방울이 숲의 바람에 식혀지면서 상쾌함이 몸에 스며들었다. 숲은 말없이 나를 어루만졌다. 특히 하산 길에서 만난 분재와 정원수들은 단순한 식물 그 이상이었다. 백 년 넘게 다듬어진 향나무 작은 사과나무에 꽃이 피어 있는 모습은 마치 미니어처 속 자연 같았다. 한 그루의 나무 안에 깃든 세월과 정성 그 묵직한 아름다움이 내 마음을 울렸다.

요즘엔 집 안에서도 분재나 작은 화초를 키우는 이들이 많다. 분재는 단순히 작은 나무가 아니라 대자연을 손 안에 담아두려는 인간의 바람이다. 수석도 마찬가지다. 자연의 한 조각을 곁에 두며 위로받고 싶어하는 마음 어쩌면 그것이야말로 현대인이 자연을 대하는 가장 순한 방식일지 모른다.

분재는 형태에 따라 분경분재, 석부분재, 일반분재로 나뉜다. 분경분재는 자연의 경치를 작게 축소해 분 안에 담는 것이고, 석부분재는 돌 위에 나무를 붙여 자라게 하여 험한 절벽에서 살아남는 생명력을 보여준다. 일반분재는 나무를 단순히 분 안에 심어 대자연의 형상을 구현하는 형태다. 이렇듯 우리는 작은 공간 속에 자연을 담아내며 그것을 통해 평온함과 위로를 얻는다.

자연을 곁에 두고 산다는 것은 인간의 본능적인 그리움에서 비롯된 일이다. 도시의 콘크리트 숲 속에서 하루를 보내는 사람들에게는 작은 화초 한 송이 물 한 그릇도 큰 위로가 된다. 자연은 사람을 치유하고 마음을 순화시키는 힘이 있다. 우리가 그것을 집 안으로 들여오는 것은 자연을 훼손하려는 욕심이 아니라 그리움의 표현이다.

하지만 문제는 욕심이다. 눈앞의 것들이 너무 좋아서 자꾸 손에 넣고 싶어진다. 가끔은 산에서 숲에서 예쁜 꽃이나 나무 돌을 불법으로 채취해오는 이들을 본다. 보는 이들은 기분이 좋겠지만 그로 인해 자연의 원래 모습은 훼손되고 다른 이들은 그것을 더 이상 볼 수 없게 된다.

결국 내 것이 되었을지 몰라도 그 과정에서 모두가 함께 누릴 수 있는 소중한 가치를 잃게 되는 것이다.

자연뿐만이 아니다. 사람 사이의 관계도 마찬가지다. 너무 가지려 하고, 내 마음대로 하려다 보면 관계는 틀어지고 상처받는다. 함께 하면 풍성할 수 있었던 일들도 욕심 때문에 모두에게 상처가 되어 돌아온다.

나무로 만든 물건들을 팔기 위해 산림을 마구 베어내는 현실도 안타깝다. 필요한 만큼만 쓰면 될 것을, 더 많은 돈을 벌겠다는 욕심 때문에 정화장치 하나 없이 공장 연기를 뿜고, 미세먼지를 만들어내며, 결국 그 피해는 고스란히 우리 삶 속으로 되돌아온다. 자연은 그렇게 인간의 이기심을 결코 잊지 않고 천천히 그러나 분명하게 반격해 온다.

이제는 생각해야 한다. 보이는 것이 다 내 것이라는 말의 진정한 의미를 진짜 내 것이라는 것은 소유하는 것이 아니라 누릴 줄 아는 마음에 있다. 가질 수 없다고 해서 내 것이 아닌 게 아니라 그 순간 그것을 온전히 느끼고 감사하는 마음이 있다면 그것은 내 삶의 일부가 된다. 멋진 풍경을 사진으로 남기지 않아도 두 눈으로 담고 마음에 새기면 그것은 내 것이 된다.

욕심을 내려놓고 자연과 함께 사람과 함께 살아가는 삶 내 것이라 주장하기보다는 내가 누리는 것에 감사하며 살아간다면 그 자체로 부유한 삶이지 않을까.

보이는 모든 것을 내 것이라 여기지 않아도 그것을 온전히 내 삶으로 받아들일 수 있다면 우리는 이미 충분히 가진 사람들이다.

# 그냥, 노을처럼

결혼한 지 34년이 흘렀다. 그동안의 시간은 마치 거친 바다와 같았다. 잔잔한 물결이 이는 날도 있었고, 폭풍이 휘몰아치는 날도 있었다. 그래도 우리는 여기까지 왔다. 살아가면서 참 많은 순간이 있었다. 기쁘고 벅찼던 날들 그리고 다시는 돌아가고 싶지 않을 만큼 힘겨웠던 날들 돌이켜보면 그 모든 순간이 쌓여 지금의 우리를 만들었다.

어느 날 문득 창밖을 보았다. 저녁노을이 하늘을 물들이고 있었다. 붉은 빛이 천천히 스며들며 하루를 마무리하는 모습이 어쩐지 우리의 삶과 닮아 있다는 생각이 들었다. 억지로 색을 맞추려 애쓰지 않아도 노을은 저절로 하늘을 물들였다. 인생도 그런 것이 아닐까 모든 것을 계획하고 조정하려 할수록 오히려 어긋나지만 그저 묵묵히 견디고 살아가다 보면 자연스럽게 흘러가게 되는 것 그렇게 우리는 살아왔다.

결혼을 하던 날을 떠올리면 지금도 가슴이 뛴다. 사랑하는 사람과 평생을 함께하겠다는 약속을 했던 날 서로가 서로에게 세상의 전부였고 함께라면 무엇이든 해낼 수 있을 것 같았다. 꿈꾸던 삶이 펼쳐질 것만 같았다. 그리고 우리의 꿈은 하나씩 현실이 되어갔다. 처음에는 모든 것이 서툴렀다. 작은 일에도 다투기도 했고 서로를 이해하지 못해 서운했던 날들도 있었다. 하지만 시간이 흐르면서 조금씩 서로의 온도를 맞춰 갔다. 함께 밥을 먹고 함께 잠들고 함께 아침을 맞이하는 하루하루가 쌓이며 우리는 같은 방향을 바라보게 되었다.

그러다 첫딸이 태어났다. 작은 손을 쥐고 있는 아이를 처음 품에 안았을 때 마치 세상에서 가장 소중한 보석을 손에 넣은 기분이었다. 그 작은 생명이 우리에게 기적처럼 찾아왔다는 사실이 믿기지 않았다. 그리고 둘째가 태어나면서 우리의 삶은 더욱 풍성해졌다. 아이들이 웃고 우는 모습 걸음마를 떼고 말문이 트이던 순간들 모든 것이 눈부시게 아름다웠다. 그 아이들이 우리의 희망이었고, 살아갈 이유였다.

그러나 삶은 언제나 예상한 대로 흘러가지는 않았다. 행복한 날들이 있는가 하면 견디기 힘든 시련도 찾아왔다. 아내가 시력을 잃었을 때가 그랬다. 하루아침에 앞이 보이지 않는 세상을 살아가야 하는 아내를 보며 나는 아무것도 할 수 없었다. 무엇을 어떻게 해야 할지 막막했고 아내의 손을 잡아주면서도 속으로는 끝없이 무너졌다.

그런데 아내는 생각보다 더 강한 사람이었다. 눈앞이 캄캄해졌지만, 그녀는 주저앉지 않았다. 작은 것 하나에도 감사했고 불편한 몸으로도 여전히 삶을 살아내려 했다. 나는 그런 아내에게 기대어 다시 힘을 냈다. 우리가 할 수 있는 건 그저 살아가는 것이었다. 앞으로 나아가는 것밖에 없었다.

그러나 인생은 한 번의 시련으로 끝나지 않았다. 믿었던 사람에게 사기를 당했고 우리가 살던 집은 경매로 넘어갔다. 가족이 한순간에 길 위에 서게 되었다. 갈 곳이 없었고, 무엇을 해야 할지 몰랐다. 희망이란 단어조차 머릿속에서 사라져 가던 그때 기적처럼 길이 열렸다. 도와주는 손길이 나타났고 우리는 다시 살아갈 공간을 찾을 수 있었다.

그때 깨달았다. 아무리 힘들어도 끝까지 버티다 보면 길은 열리는 법이라는 것을 절망 속에서도 희망을 놓지 않는 것이 얼마나 중요한지를 살면서 수없이 좌절하고 때로는 정말 끝이라고 생각한 순간들도 있었다. 하지만 버티고 또 버티다 보면 어느 순간 새로운 날이 찾아왔다. 해가 뜨듯이 계절이 바뀌듯이 인생도 그렇게 흘러갔다. 어떤 순간에는 정말 포기하고 싶었다. 더 이상 버틸 힘이 없을 것만 같았다. 하지만 나는 글을 쓰면서 마음을 다잡았다. 내 이야기를 글로 적다 보면 아프던 기억도 조금씩 치유되는 듯했다. 그리고 신앙은 늘 나를 다시 일으켜 세웠다.

삶이란 때로 너무 가혹했다. 그럼에도 불구하고 우리는 버텼다. 왜냐하면 언젠가는 좋은 날이 올 거라는 희망이 있었기 때문이다. 우리는 늘 모든 것을 계획하려 하고 뜻대로 되지 않으면 좌절하곤 한다. 하지만 억지로 맞추려 애쓰면 애쓸수록 틈은 더 벌어지는 법이었다. 오히려 힘을 빼고 자연스럽게 흘러가도록 두었을 때 더 단단해졌다.

노을이 하늘을 물들이듯 가을이 나뭇잎을 천천히 물들이듯 인생도 그렇게 스며들며 지나간다. 처음에는 같은 색이 아니었지만 시간이 지나며 서서히 같은 빛을 띠게 된다.

살다 보면 다시금 힘든 순간이 찾아올 것이다. 마음이 무너질 때도 있을 것이다. 하지만 그럴 때 마다 꼭 기억하고 싶다. 지금 이 순간을 버티다 보면 새로운 날이 온다는 것을 그리고 결국우리는 같은 빛과 같은 온도로 하나가 된다는 것을

그냥, 노을처럼.

# 효도

누룽지 향이 집안 가득 퍼진다. 송산에 사는 친구가 준 '수향미'라는 쌀이다. 밥을 짓기만 해도 은은하게 퍼지는 누룽지 향이 기분을 좋게 한다. 그 향을 맡으며 칼을 잡은 손도 자연스레 바빠진다. 오늘 점심 메뉴는 바로지은 쌀밥에 된장찌개 고등어구이, 겉절이 그리고 파 향 가득한 계란말이다.

정성껏 차린 한 끼 식사 장모님께 꼭 드리고 싶었다. 코로나 이후로 온라인 예배가 보편화되면서 장모님은 우리 집에서 예배를 드리신다. 함께 식사도 하면서 이렇게 작은 일상에 마음을 담아드리고 싶었다.

찌개가 끓고 배추 겉절이를 막 무치려던 순간 장모님께서 조심스럽게 말씀하신다.

자장면 먹으면 안 될까? 그 말에 순간 머릿속이 새하얘졌다. 고소한 누룽지 향이 찬물처럼 식었다. 마음속에선 뜨거운 무언가가 치솟는다. 다 차린 밥상인데 자장면이요 라는 말이 목구멍까지 올라왔지만 꾹 눌렀다. 참는 게 미덕이라 배워왔기에 감정을 삭이며 웃어보였지만 속은 그리 편하지 않았다. 나도 모르게 머리를 긁고 깊은 숨을 내쉬었다.

그런데 집사람이 장모님의 사정을 전해준다. 요즘 회관도 안 열리고 어머님이 집에만 계시잖아. 근데 마을 친구 ○○엄마가 며칠 전 딸이 사준 자장면이 그렇게 맛있었다며 꼭 먹어보라고 하셨대. 그래서 오늘은 그거 먹고 싶으신 거야. 그제야 이해가 되었다. 자장면이란 음식 그 자체가 아니라 딸에게서 받은 소소한 사랑의 상징이었다. 장모님도 그 마음을 느껴보고 싶으셨던 거다. 내 마음대로 정성껏 준비한 집 밥보다 장모님이 원하시는 자장면이 오늘의 효도라는 걸 알았다.

생각해보면 나도 그런 경험이 있었다. 초등학교 5학년 어느 날 학교를 마치고 집에 들어서자 쌀밥의 구수한 냄새가 반겨주었다. 평소처럼 식은 밥도, 혼자 먹는 밥도 아닌 김이 모락모락 나는 따뜻한 밥상 밥과 찌개 김치가 전부였지만 그때만큼 맛있는 밥은 없었다. 어머니가 아프셔서 장사를 나가지 못한 날 힘들게 지어주신 밥상이었다. 그날의 밥은 단순한 음식이 아니었다. 사랑과 위로 존재 자체였다.

장모님께 드리려 했던 밥상도 그런 마음이 담긴 것이었다. 결국 우린 차를 타고 장모님이 원하시는 중국집으로 향했다. 자장면, 짬뽕, 탕수육까지 시켜 맛있게 식사를 했다. 기대만큼 특별한 맛은 아니었지만 장모님의 얼굴엔 미소가 가득했다. 그 표정을 보는 순간 오늘의 점심은 성공이었다. 내가 주고 싶은 걸 드리는 것이 아니라 당신이 원하는 걸 드리는 것이 진정한 효도임을 다시금 느꼈다.

돌아오는 길 많은 생각이 스쳤다. 우리는 종종 다음에 언젠가라는 말을 쉽게 내뱉는다. 부모님께 무언가 해드릴 기회도 그렇게 미루다 보면 어느 순간 되돌릴 수 없는 시간이 되어버린다. 나는 부모님을 떠나보내고 나서야 그 다음이 얼마나 허무한 말이었는지 절절히 느꼈다.

효도는 기다려주지 않는다. 그분들이 곁에 계실 때 지금 이 순간해야 한다. 요즘 사람들은 효도를 선물이나 특별한 날에만 국한시키는 경향이 있다. 어버이날에 꽃 한 송이 건강식품 하나 보내며 의무를 다했다고 생각한다. 하지만 진정한 효도는 그렇게 거창한 것이 아니다. 부모님의 마음을 살피고 일상의 소소한 부분에서 배려하는 것 함께 시간을 보내는 것 그것이 더 깊은 의미를 지닌다.

효도란 상대의 마음을 존중하는 것이다. 내가 하고 싶은 방식이 아니라, 그분이 바라는 방식으로 다가가는 일이다. 어떤 음식 이냐보다 누구와 어떤 마음으로 먹느냐가 더 중요하다. 장모님이 자장면을 원하셨던 건 단순한 음식의 욕구가 아니라 외로움을 달래고 싶고 누군가의 따뜻한 관심을 느끼고 싶었던 것이다.

앞으로도 나는 내가 해드리고 싶은 것과 당신이 원하시는 것 사이에서 고민할 것이다. 때로는 내 마음이 서운할 수도 있다. 그러나 그 마음을 넘어서면 진짜 사랑이 무엇인지 알게 될 것이다. 효도는 감정을 억누르는 게 아니라 그 감정을 바르게 다스리는 데서 출발한다.

오늘도 장모님은 내가 데워드린 찐한 누룽지 밥에 찬물 부어 숭늉을 드시며 웃는다. '이거, 진짜 맛있네' 그 한마디가 오늘 하루를 즐겁게 한다. 그리고 나는 다시금 다짐한다. 다음은 없다. 지금 이 순간 기꺼이 손을 내밀고 마음을 내어드리자, 그것이 우리가 부모님께 드릴 수 있는 가장 큰 사랑 바로 '효도'일 것이다.

# 그리운 맛

어버이날 부모님이 잠들어 계신 메모리얼 파크를 찾았다. 꽃 한 송이를 들고 그 앞에 선다. 어떤 이는 돌아가시고 나서 무슨 소용인가라고 말할 수도 있고 살아계실 때 잘해야 한다고도 하지만 사람 마음이란 늘 그렇게 명확하지만은 않다. 특정한 날이면 자연스레 생각이 나고 살아생전 함께했던 시간들을 되새기고 싶어진다. 그리움은 어느 순간 불쑥 찾아오고 무언가를 하지 않고는 마음이 편치 않다.

작은 꽃을 꽂아두고 한참을 그 자리에 서 있었다. 그때 문득 떠오른 장면이 있었다. 아버지께서 술 한 잔 하시고 검은 비닐봉지에 닭 한 마리를 통째로 튀긴 것을 사오시던 날들 봉지를 열면 기름기 돌던 고소한 냄새가 퍼졌고 그런 날엔 기분이 좋아지셨는지 용돈도 넉넉히 주셨다. 어린 나에게는 그저 횡재한 날이었지만 지금 생각하면 그때의 아버지는 사랑을 그렇게 표현하고 계셨던 것 같다.

메모리얼 파크를 나와 옆에 조성된 유택동산을 둘러보았다. 햇살이 강하게 내리쬐던 5월의 오후 기온은 27도를 훌쩍 넘기며 한여름처럼 덥게 느껴졌다. 땀이 송글송글 맺히자 아버지가 누런 콩을 삶아 정성껏 갈아주시던 모습이 떠올랐다. 무더운 날이면 아버지는 가끔 콩국수를 해주셨다. 백태를 삶아 만든 고소하고 텁텁한 콩국에 오이채를 얹고 얼음을 동동 띄운 그 한 그릇은 어릴 적 여름의 대표적인 풍경이었다.

문득문득 마음이 머무는 날엔 그렇게 사랑을 표현하셨다. 그날의 더위가 그 기억을 끌어올렸다. 오늘 저녁엔 콩국수나 해볼까?

그리운 그 맛을 떠올리며 발걸음은 자연스레 마트로 향했다. 마음속에서는 이미 요리가 시작되고 있었다.

콩을 삶아 갈고 물을 넣고 오이채를 썰어 올리고 얼음을 띄우면 되겠지.'

간단한 음식이라 생각했지만 막상 마트에 들어서자 수십 가지 콩의 종류와 포장에 당황했다. 고민 끝에 콩을 직접 삶는 대신 콩 국물과 오이를 사서 집으로 돌아왔다.

면을 삶고 콩 국물에 소금으로 간을 맞추고 오이채를 얹은 후 얼음을 띄워 가족과 함께 식탁에 둘러앉았다. 하지만 젓가락질 몇 번 만에 알 수 있었다.

이건 그 맛이 아니야. 고소함은커녕 미숫가루에 면을 넣은 듯 밍밍하고 어색한 맛이었다. 그리움의 무게를 감당하지 못한 한 그릇. 역시 콩을 삶지 않아서 그런가. 결국 결심했다. 다음에는 꼭 직접 해보리라.

며칠이 지나 다시 마트로 가서 백태를 구입했다. 알이 굵고 윤기 있는 콩을 고르기 위해 한참을 고르고 집에 돌아와 벌레 먹은 것과 부서진 콩을 골라내고 물에 담갔다. 콩 껍질이 블어날 때까지 8시간 정도 불린 후 두 배 높이의 물을 붓고 큰 냄비에 넣어 끓이기 시작했다. 여기서 중요한 것은 냄비가 넘치지 않도록 큰 것을 준비하는 것 그리고 거품이 오르기 시작하면 중간 불로 줄여가며 젓가락으로 천천히 저어주는 것이다.

서서히 콩이 물 위로 떠오르기 시작하고 5분에서 6분 정도 지나 콩을 한 알 먹어봤다. 고소한 향이 퍼지며 입안에서 사르르 풀어졌다. 덜 삶으면 비린 맛이 나고 너무 삶으면 메주 냄새가 나기 때문에 타이밍이 중요했다.

삶은 콩은 체에 밭쳐 식혔다. 믹서기에 콩과 찬물을 넣고 돌리기 시작했다. 고소함을 더하려면 참깨나 견과류를 넣을 수도 있었지만 나는 아버지가 해주셨던 기억 속 콩국의 맛을 되살리고 싶었다. 그래서 아무것도 넣지 않고 오히려 거칠게 갈았다. 콩의 껄끄러운 알갱이가 살아 있는 질감 그 텁텁함까지 그대로 느끼고 싶었다.

갈아낸 콩국은 냉동실에 잠시 넣어 차갑게 식혔다. 그 사이 국수를 삶았다. 물이 팔팔 끓을 때 면을 넣고 엉겨 붙지 않게 젓가락으로 저으며 몇 번 찬물을 부어가며 끓였다. 면발이 탱글탱글해질 때까지 삶은 후 찬물에 헹구고 마지막엔 얼음물에 담가 쫄깃함을 더했다. 오이채를 준비해 얹고 콩국을 부어 가족과 다시 마주 앉았다. 국수를 들어 한 젓가락 입에 넣었다. 고소하고 묵직한 콩의 맛 가족들도 훨씬 맛있다며 칭찬했다. 하지만 나는 알 수 있었다.그래도 그 맛은 아니다.

기억 속 그 맛에는 단순한 조리법 이상의 무언가가 있었다. 아버지와 함께 웃던 여름날 마당에 앉아 손으로 부채질하며 국수를 말아 주시던 아버지 그 곁에서 까르르 웃던 형제자매들 피어난 꽃들과 풍경들… 모든 것이 어우러져야만 비로소 완성되는 맛.

그 맛은 아마도 다시는 만들 수 없을 것이다. 나는 그리운 맛이라는 것이 결국 기억의 맛, 마음의 맛임을 깨달았다. 그것은 단지 혀끝의 맛이 아니라 그때의 공기, 빛, 사람들 온기가 함께 어우러져야 생기는 것이다. 그리운 맛을 가진 사람은 아마 좋은 시간을 많이 가졌던 사람일 것이다. 그리고 그 시간을 함께 해준 사람 있었다는 뜻일 것이다.

이제는 생각한다. 다시는 오지 않을 그 맛을 붙잡으려 애쓰는 것보다 지금 내 곁에 있는 사람들과 함께 또 다른 그리운 맛을 만들어가야 하지 않을까 후회하지 않기 위해서 지금 잘해야 한다. 언젠가 그 맛이 그립다고 느껴질 날이 오겠지만 그때는 오늘 이 순간을 떠올리며 따뜻하게 웃을 수 있었으면 좋겠다. 기억의 맛이 아닌 오늘의 맛을 온전히 누릴 수 있는 삶 그것이 우리가 할 수 있는 최선이고 사랑하는 이들과 함께 지켜야 할 삶의 자세가 아닐까.

# 어머니의 마음

요리가 시작되었다. 고등어조림이었다.

고등어조림은 어머니가 자주 해주시던 음식 중 하나였다. 특별한 양념이나 기술이 들어간 것도 아닌데도 늘 최고의 맛이었다. 예전에는 요리기구도 양념도 지금처럼 풍부하지 않았다. 그저 밥상에 오르는 김치 한 조각 무 몇 조각이 전부였다. 하지만 그 김치 하나면 밥 한 공기를 뚝딱 해치우게 하는 마력이 있었다. 그런 밥상 앞에서 자란 나는 지금도 가끔 김치 하나로 배불리 밥을 먹으며 어머니를 떠올린다.

오늘도 TV에서 방영되는 요리 프로그램을 보다가 불현듯 어머니가 그리워졌다.

어머니는 우리 사남매를 생선 장사를 하며 키워내셨다. 새벽부터 시작된 삶은 밤늦게까지 이어졌고 그 고된 일상을 버텨낸 어머니에게 남은 것은 삶이 아닌 숙명 같았다.

지금은 자동차로 장사를 다니기도 하지만 그 시절 어머니의 전부는 커다란 대야 하나였다. 새우잠을 자고 날이 채 밝기도 전인 새벽이면 어머니는 그 대야를 들고 노량진 수산시장으로 향했다. 생선으로 가득 찬 대야를 머리에 이고 구로 골목을 누비며 생선을 팔던 어머니의 하루는 고됨 그 자체였다.

하지만 어머니는 한 번도 포기하지 않으셨다. 그 모든 고통을 감내하며 오직 사남매를 먹이고 입히겠다는 단단한 의지로 살아내셨다.

어릴 적 저녁 밥상에서 어머니 얼굴을 보는 건 쉽지 않았다. 우리는 이미 잠든 밤, 생선 비린내를 몸에 잔뜩 묻힌 어머니가 조심스레 방문을 여는 소리에 눈을 떴다. 그 냄새 하나로도 어머니가 돌아오셨음을 알 수 있었다. 고된 하루를 마치고도 어머니는 언제나 우리 곁에 와 계셨다.

그런 어느 토요일이었다. 수업을 일찍 마친 우리는 여동생과 함께 친구들과 롤러장에 가기로 했다. 놀이기구가 흔치 않던 시절 롤러장은 말 그대로 꿈같은 공간이었다. 음악이 흐르고 반짝이는 조명 아래 사람들은 신나게 돌아다녔다. 즐거운 시간을 뒤로 하고 우리는 버스 정류장으로 향했다. 친구들과의 웃음은 끊이질 않았고 장난기 가득한 얼굴로 버스를 기다렸다. 얼마 후 도착한 버스의 뒷문이 열리고 커다란 대야를 들고 버스에 오르는 아주머니가 눈에 들어왔다.

온몸에 밴 생선 비린내가 버스 안을 가득 채웠고 사람들은 저마다 고개를 돌리거나 코를 막았다. 자연스럽게 시선이 아주머니에게 쏠렸고 아주머니는 우리 쪽을 바라보다가 여동생의 이름을 불렀다. 순간 여동생은 눈을 피했다. 친구들이 누구야? 라고 물었을 때 여동생은 그냥 옆집 아주머니야 라고 얼버무렸다.

나는 가슴이 철렁 내려앉았다. 그런데도 어머니는 아무렇지 않은 듯 대야를 옆에 두고 말없이 서 계셨다. 창피하다는 감정을 드러낸 딸을 탓하지도 슬퍼하는 기색도 보이지 않으셨다. 그저 묵묵히 자식을 바라보는 눈빛 하나로 모든 것을 말하고 계셨다.

집으로 돌아온 우리는 어머니의 얼굴을 제대로 마주할 수 없었다. 죄책감과 부끄러움이 뒤섞인 감정이 우리를 무겁게 짓눌렀다. 하지만 어머니는 아무 일 없다는 듯 늘 그렇듯 밥을 챙기셨고 여동생은 그 품에 안겨 끝내 울음을 터뜨렸다.

어머니는 아무 말씀도 없으셨지만 그 눈빛에는 모든 걸 알고 있다는 듯 따뜻함이 담겨 있었다. 그날 이후 여동생과 어머니의 관계는 더 깊어졌다. 외면했던 순간의 슬픔이 오히려 두 사람 사이의 벽을 허물었다.

세월이 흘러 우리는 자라 어른이 되었다. 이제야 어머니가 지고 다니시던 그 대야가 단순한 도구가 아닌 삶의 무게였음을 알게 되었다. 그 무거운 짐은 결국 어머니의 몸을 망가뜨렸다. 목 디스크, 허리통증 무릎의 고장 모든 고통이 한꺼번에 찾아왔다.

병원에 다녀오시는 어머니의 등을 바라보며 나는 뒤늦은 후회를 한다. 그때 왜 손 한 번 잡아드리지 못했을까, 왜 어머니의 수고를 미리 헤아리지 못했을까, 지금도 그 죄책감은 마음을 무겁게 짓누른다. 부모는 누구도 대신할 수 없는 존재다. 직업에 귀천이 없다는 말처럼 삶을 지탱하기 위한 어떤 일도 부끄럽지 않다. 자식을 위해 비린내 나는 생선을 이고 다녔던 어머니는 세상에서 가장 위대한 분이었다.

그때 친구들 앞에서 숨기고 싶었던 어머니는 이제 내 마음속 가장 자랑스러운 사람이 되었다. 아주머니라고 불렸던 그 순간에도 어머니는 한 치 흔들림 없이 우리를 품어주셨다. 고등어조림으로 내 허기를 채워주시던 어머니 그 손맛에는 단순한 음식이 아닌 사랑과 희생 따뜻한 마음이 담겨 있었다.

이제는 늦었지만 나는 그 사랑을 되새긴다. 그리고 다시는 외면하지 않겠다고 늘 곁을 지키겠다고 다짐한다. 어머니는 그렇게 자식을 위해 자신의 모든 것을 내어주셨고 우리는 이제야 그 마음의 깊이를 깨닫는다.

어머니의 사랑은 하늘처럼 높고 바다처럼 깊다. 그 사랑 앞에 고개를 숙이며 오늘도 나는 고등어조림을 만든다.

그리움과 감사함을 담아 어머니를 그리워하며 조심스레 블을 올린다. 우리 곁에 오래도록 계시고 늘 건강하시길 그리고 어머니 정말 감사합니다.

# 찜닭

찜닭이 생각났다. 단순한 음식이 아닌 어머니와의 마지막 기억이 고스란히 담긴 음식 어머니는 생전에 음식 욕심이라곤 없으셨지만, 병세가 깊어지던 어느 날 조용히 말씀하셨다. 찜닭 한 번 먹고 싶다. 그 말 한마디는 단순히 무언가 먹고 싶다는 의미가 아니었다. 나는 그 순간 어머니가 우리 가족과 함께하고 싶은 마지막 시간을 원하고 계신다는 걸 느낄 수 있었다.

우리는 부천에 있는 찜닭 전문 식당으로 향했다. 평소 같았으면 음식 이야기에 웃음을 지으시며 활기차게 따라나서셨을 어머니는 그날따라 유난히 조용하셨다. 식당에 도착하자 어머니는 힘겹게 자리하셨고 잔잔한 미소를 지으셨다. 기운 없는 얼굴이었지만 그 미소 속에는 깊은 애정과 다정함이 담겨 있었다.

음식을 주문하고 기다리는 동안 어머니는 가방 속에서 낯익은 책 한 권을 꺼내셨다. 내가 쓴 수필이 실린 동인지였다. 어머니는 그 책을 항상 가지고 다니셨다. 우리 아들이 글을 썼다는 자부심이 얼마나 크셨는지, 책 표지가 너덜너덜해질 때까지 꺼내 보셨다. 이게 우리 아들 글이야 글 참 잘 쓰지 그 말씀이 들리는 듯 어머니의 손끝에서 느껴지는 따스한 자랑이 나를 먹먹하게 했다.

음식이 나왔고 어머니는 천천히 조심스레 젓가락을 드셨다. 손이 떨려 쉽게 집지 못하셨지만 끝내 한 점을 입에 넣으시고는 정말 맛있다 하고 미소 지으셨다. 나는 웃으며 다음엔 더 맛있는 거 먹으러 가요 했지만 마음 한편은 무너지고 있었다. 어머니가 이렇게 애써 한 끼 식사를 하시는 걸 보며 그 시간이 마지막이 될 수도 있겠다는 생각이 밀려왔다. 식사를 마치고 자리에서 일어서려는 순간 어머니가 다시 가방을 열어 동인지를 꺼내셨다. 그리고는 그 책을 들고 식당 사장님께 다가가셨다.

"우리 아들이 쓴 글이에요 한번 읽어 보세요."

사장님은 처음엔 어리둥절해하셨지만 어머니의 진심 어린 표정에 고개를 숙이며 책을 받으셨다. 나는 그 모습을 지켜보다가 결국 눈물을 흘렸다. 아들이라는 이름 하나로 그리도 자랑스러워하시던 어머니, 병으로 몸은 힘드셨지만 그 마음은 여전히 단단하고 따뜻하셨다. 그 순간의 장면은 지금도 내 가슴속에 선명하다. 마치 시간 속에 박제된 따뜻한 장면처럼 어머니가 세상을 떠나신 후 그날의 기억은 내 가슴 깊숙이 남았다.

함께 나눈 따뜻한 찜닭 한 끼가 이제는 평생을 두고 곱씹을 수밖에 없는 소중한 추억이 되었다. 더 자주 같이 밥을 먹었더라면 더 많은 곳을 함께 여행했더라면 그런 후회가 마음 한 구석을 날카롭게 찌른다.

우리는 언제나 무언가를 잃고 나서야 그 소중함을 온전히 깨닫는다. 어머니는 늘 말없이 나를 응원해 주셨다. 당신의 삶보다 자식의 안부를 먼저 묻고 내 성취를 자신의 기쁨으로 삼으셨다. 나는 그런 어머니의 응원과 사랑으로 지금까지 살아왔다. 어려운 일들 앞에서도 견딜 수 있었던 힘은 바로 어머니가 내 마음속에 놓아주신 등불 덕분이었다. 그

빛은 아프고 외로운 시간을 환하게 밝혀주었다.

이제는 다시는 찜닭을 그날처럼 먹을 수 없겠지만 그 맛과 함께했던 따뜻한 눈빛과 미소 그리고 잊지 못할 그 자랑의 순간은 내게 영원한 위로가 되어준다. 나는 이 기억을 가슴속 깊이 간직하고 살아가려 한다. 어머니가 주신 사랑을 잊지 않고 그 사랑을 누군가에게 나눌 수 있는 사람이 되고 싶다.

이 글을 쓰며 나는 다시 그 날의 식당에 앉아 있다. 어머니가 건넨 미소 떨리던 손끝 자랑스럽게 책을 내밀던 그 순간이 생생히 떠오른다. 그리움은 자꾸 목이 메이게 하지만, 그 기억조차 내겐 선물이다. 어머니 당신의 사랑은 지금도 제 삶을 지탱하는 힘입니다. 어머니가 제게 주신 무한한 사랑과 자부심 저는 잊지 않고 살아가겠습니다.

당신을 영원히 사랑합니다. 그리고 감사합니다.

# 비 오는 날

비가 내리는 날 나는 메모리얼파크를 찾았다. 어머니가 떠나신 후 처음 맞는 비 오는 날의 방문이었다. 잔잔히 내리는 빗줄기 속에서 나는 한참 동안 주차장에 앉아 있었다. 차창을 두드리는 빗방울 소리가 마치 어머니의 다정한 손길 같았다. 잘 지내고 있니? 조용히 속삭이며 나를 다독여주는 듯한 그 소리에, 나는 천천히 내 마음을 내려놓았다.

메모리얼파크는 고요했다. 마치 시간도 빗속에 잠긴 듯한 그곳에서 나는 어머니와의 지난 시간을 하나하나 떠올렸다. 어린 시절 감기에 걸려 앓을 때마다 내 이마에 얹어주던 어머니의 손바닥, 학교에서 속상한 일이 있어 울며 돌아왔을 때 말없이 안아주던 그 따뜻한 품, 어머니는 내 인생의 가장 큰 안식처였고 삶의 버팀목이었다. 지금도 가끔은 문득 전화를 걸면 왜, 무슨 일 있니? 하고 반가운 목소리로 받아줄 것만 같다. 하지만 이제 그 목소리는 더 이상 들을 수 없다. 그 사실이 아직도 낯설고 믿기지 않는다.

그날의 메모리얼파크는 어머니의 사랑으로 가득 차 있었다. 유골함 앞에 조용히 서니 정성껏 반찬을 챙겨주시던 어머니의 모습 나보다 먼저 젓가락을 들지 않으셨던 그 정갈함 어릴 적 내가 좋아하던 계란찜 하나에도 기쁨을 담아주시던 모습이 눈앞에 생생히 떠올랐다. 바람결에 흩날리는 빗소리마저 어머니의 숨결처럼 느껴졌다.

어머니는 비 오는 날을 참 좋아하셨다. 창가에 앉아 고요히 창밖을 바라보시던 그 뒷모습을 나는 잊지 못한다. 마치 세상에서 가장 평화로운 풍경을 보고 계신 듯한 그 모습 나는 어린 마음에도 그 순간의 고요함이 참 좋았다. 빗소리는 어머니가 내게 전해주던 평온의 언어였다.

유골함 앞에서 나는 조용히 기도드렸다. 어머니, 부디 평안히 쉬세요. 이 세상에서 보내주신 무한한 사랑과 따뜻함은 제 안에서 살아 숨쉬고 있습니다. 그 사랑이 제게 얼마나 큰 힘이 되었는지 그리고 지금도 얼마나 의지가 되는지 모릅니다. 저는 여전히 어머니의 품 안에서 살고 있는 듯합니다.

비는 계속 내리고 있었고, 나는 그 빗속에서 어머니와 대화를 나누었다. 목소리는 들리지 않았지만 마음으로는 충분히 느낄 수 있었다. 어머니는 삶이 어려울 때마다 긍정적인 태도로 이겨내셨고 힘들고 외로운 순간에도 언제나 우리 가족을 위해 헌신하셨다. 그런 어머니의 삶 자체가 나에게는 인생의 교과서였다. 어머니가 계셨기에 지금의 내가 있다.

그날 나는 어머니께 많은 이야기를 했다. 나의 일상 아버지의 근황 아이들 이야기 그리고 가끔 눈시울이 붉어지는 요즘 마음까지 어머니는 대답 대신 조용히 빗소리로 응답하시는 듯했다. 괜찮다 잘하고 있다며 따뜻하게 등을 토닥여주는 듯한 위로가 느껴졌다.

어머니는 나의 첫 번째 스승이셨고 가장 든든한 지지자셨다. 말보다 행동으로 가르침보다 삶으로 나를 이끌어주셨다. 어머니가 계신 동안에는 어쩌면 너무 익숙해서 그 사랑의 크기를 다 헤아리지 못했는지도 모른다. 하지만 이제야 알겠다.

그 사랑이 얼마나 깊고 넓었는지를 시간이 흘러 메모리얼파크를 나서기 전 마지막으로 유골함 앞에 섰다. 어머니 사랑합니다. 정말 감사합니다. 목이 메었지만 끝내 그 말을 전했다. 그 사랑은 내 삶을 비추는 등불이었고 그 불빛은 앞으로도 결코 꺼지지 않을 것이다.

비 오는 날 메모리얼파크에서의 시간은 나에게 커다란 위로와 치유였다. 마치 어머니의 품속에 다시 안긴 것처럼 마음이 포근해졌고 한편으로는 애틋한 그리움에 가슴이 시렸다. 돌아오는 길 빗소리를 들으며 나는 다짐했다. 어머니의 삶을 기억하며 그 사랑을 본받아 살아가겠다고 어머니가 내게 보여주신 삶의 자세 긍정과 헌신 사랑을 나도 누군가에게 전할 수 있는 사람이 되고 싶다고 어머니, 이제는 편히 쉬세요

당신이 주신 사랑은 제 안에서 영원히 살아 있을 것입니다.

오늘 이 비 오는 날의 메모리얼파크에서 저는 또 하나의 소중한 추억을 가슴에 품고 갑니다. 당신의 사랑을 기억하며 저는 내일도 힘차게 살아가겠습니다.

# 나와 남

인간은 사회적 동물이다. 우리는 혼자서 살아갈 수 있지만 결국 다른 사람들과의 관계 속에서 자신의 존재를 확인하고 성장한다. 친구와 가족 연인과의 대화는 우리의 삶을 더욱 풍부하고 깊이 있게 만든다. 이러한 관계를 통해 우리는 세상을 더 넓게 바라볼 수 있고 때로는 자신을 돌아보며 삶의 목표를 새롭게 설정하기도 한다. 그러나 이러한 관계가 결여된 사람들은 종종 공허함을 느끼며 삶의 의미를 찾기 어려워하기도 한다.

세상에는 혼자서도 잘살 수 있는 사람이 있는가 하면 누군가와 함께 해야만 자신이 존재한다고 느끼는 사람도 있다. 나는 후자에 속하는 사람이다. 다른 이들과 마주할 때 비로소 삶의 의미를 찾고 그들과의 대화를 통해 자신을 돌아보며 살아가는 것이 삶의 방식이다. 그렇기 때문에 누군가가 없다면 아무것도 할 수 없을 것 같은 두려움이 나를 감싸기도 한다.

하지만 역설적으로 종종 그 소중한 관계를 잃고 살아가기도 한다. 일상에 치여 바쁘게 살아가다 보면 혹은 개인의 이기심으로 인해 우리는 상대방의 존재를 잊거나 그들의 중요성을 간과할 때가 있다. 나만 아는 이기적인 생각은 결국 서로를 망치고 나아가 자신도 망치게 되는 것이다. 나 역시 과거에는 그런 실수를 저질렀다. 나의 입장만을 고집하며 상대방의 감정과 생각을 배려하지 않았던 순간들이 있었다. 그 결과 소중한 사람들과의 관계가 소원해졌고 때로는 그들이 떠나기도 했다. 그 당시에는 상대방을 원망하기만 했지만 시간이 지나고 나서야 비로소 내가 무엇을 잘못했는지를 깨닫게 되었다.

타인과의 관계에서 가장 중요한 것은 바로 상호 존중과 이해다. 서로의 입장을 이해하고 서로를 배려하는 마음이 없다면 진정한 의미의 관계는 형성될 수 없다. 상대방의 입장에서 생각하고 그들의 감정을 이해하려는 노력은 관계를 더욱 깊고 풍부하게 만들어 준다. 이러한 노력은 때로 자신을 희생해야 할 때도 있지만 그 결과는 항상 값지고 소중한 것이다. 이제는 나 자신을 돌아보며 과거의 실수를 반복하지 않으려 노력하고 있다.

내 삶의 주인공은 바로 나 자신이다. 내가 어떤 선택을 하느냐에 따라 내 인생의 방향이 달라진다. 상대방을 탓하기보다는 무엇을 잘못했는지 그리고 어떻게 더 나은 관계를 형성할 수 있을지를 고민하는 것이 중요하다. 결국 삶에서 가장 중요한 것은 나 자신을 돌아보고 변화하는 것이다.

인간관계는 마치 거울과 같다. 내가 상대방을 대하는 태도가 그대로 나에게 돌아온다. 내가 상대방을 존중하고 배려한다면 그들도 나를 존중하고 배려할 것이다. 반대로 내가 이기적인 태도로 상대방을 대한다면 그들도 나를 외면하게 될 것이다. 결국 내가 타인을 대하는 방식이 내 삶의 질을 결정하게 된다.

삶은 혼자서 살아가는 것이 아니다. 우리는 타인과의 관계 속에서 성장하고 삶의 의미를 찾는다. 타인과 함께 있을 때 우리는 더 나은 사람이 될 수 있고 그들과의 대화를 통해 더 넓은 세상을 이해할 수 있다. 그렇기 때문에 우리는 배려하고 그들의 중요성을 잊지 말아야 한다. 서로가 서로에게 중요한 존재임을 인식하며 살아가야 한다.

마주할 상대가 있는 삶은 분명 행복하다. 그들과 함께 이야기를 나누며 서로의 존재를 확인하고 함께 성장해가는 것이 진정한 삶의 의미라 생각한다. 나 자신을 돌아보며 타인을 배려하는 마음을 가지고 살아간다면 우리는 더욱 행복하고 의미 있는 삶을 살아갈 수 있을 것이다. 나와 타인 홀로 있는 시간과 함께하는 시간 모두가 중요하며 그 조화 속에서 우리는 진정한 삶의 가치를 찾을 수 있다.

결국 우리가 살아가는 이유는 단지 자신만을 위해서가 아니라 남과 함께 나누며 서로에게 의미 있는 존재가 되기 위해서이다. 혼자일 때도 있지만, 결국 우리는 남과 함께하는 시간 속에서 더 나은 삶을 살아가게 된다. 이런 삶이야말로 진정한 행복과 의미를 찾을 수 있는 길이라고 생각한다.

# 냉장고 정리

손님이 온다고 한다. 집안을 정리하다 냉장고 문을 열었는데 눈앞에 펼쳐진 풍경에 한숨이 나왔다. 음식점도 아닌데 소스는 왜 이리 많고 유통기한이 지난 것들도 수두룩하다. 필요한 것만 남기고 대부분을 버렸다. 이제는 냉동실 차례다. 문을 여는 순간 엄두가 나질 않는다. 온갖 비닐봉지와 용기들이 가득 차 있다. 이 많은 것들이 어떻게 이 안에 들어가 있었는지 신기할 정도다.

한참을 꺼내다보니 얼음처럼 딱딱하게 얼어붙고 핏기가 도는 고등어 봉지 하나가 눈에 띈다. 오래되어 색이 바란 그 고등어는 돌아가시기 전 어머니가 가져다 주셨던 것이다. 그즈음 어머니는 자주 집에 들르시며 늘 양손 가득 이것저것 사 오셨다. 정성스레 싸온 것들이었지만 나는 번거롭고 무겁다는 이유로 마땅잖게 여겼고 어머니 앞에서 짜증을 내고 거친 말을 하기도 했다. 말로 상처를 드리고 나면 항상 후회했지만 그 감정은 또 반복되곤 했다.

그렇게 냉장고에 넣기만 하고 결국 썩혀서 몰래 버리기도 했다. 이제와 생각해보면 그 모든 음식은 아들을 위한 어머니의 사랑이었다. 지금 같으면 감사한 마음으로 함께 요리해서 맛있게 먹었을 텐데 그때는 왜 그렇게 마음을 닫았는지 모르겠다. 어머니는 늘 우리 집에 와도 밥을 드시지 않았다. 배가 부르다며 마다하셨다. 이제 와 돌이켜보면 며느리가 차린 밥상 앞에 앉기가 불편하셨을 수도 있고 아들이 차린 밥이라 해도 마음이 놓이지 않으셨을 수도 있다. 그냥 아들이 반찬 걱정 없이 지내기를 바라며 당신 손으로 하나라도 더 챙겨 주고 싶었던 것뿐이었을 것이다. 아프고 피곤하셨을 텐데도 그 모든 걸 뒤로 하고 오로지 자식 걱정뿐이셨다.

정리되지 않은 냉동실에서 꺼낸 음식들이 거실 바닥을 가득 메웠다. 그 광경을 보며 한동안 멍하니 서 있었다. 그동안 마음도 냉장고처럼 꽁꽁 얼려둔 채 살아온 건 아닐까. 먹을 수 있는 것과 버릴 것을 분류하고 한 칸 한 칸 깨끗이 닦고 나니 마음이 한결 가벼워졌다. 이제라도 어머니의 마음을 조금 알 것 같다.

요즘은 내가 결혼한 딸에게 쌀을 보내고 반찬을 싸준다. 그 마음이 예전 어머니의 마음과 다르지 않다. 우리가 먹는 것보다 더 많은 양을 만들고 포장해 보내며 괜히 뿌듯해한다. 며칠 전엔 햇마늘을 욕심내어 많이 사왔다. 딸네도 나눠주려는 마음에 마늘을 까며 시간을 보냈는데 딸은 우린 그냥 사 먹는 게 좋아요. 너무 많이 하지 마세요라고 한다. 서운한 마음이 스치고 그 순간 문득 어머니 생각이 났다. 아마 어머니도 그런 말을 들었을 때 속상하셨겠지 자식에게 주려다 오히려 마음만 다쳤을 수도 있었겠구나 눈물이 고인다.

그래도 마늘을 다 까서 간장을 붓고 병에 담아 놓고 보니 왠지 모르게 부자가 된 기분이다. 며칠 뒤 딸이 직접 반찬을 해왔다. 아빠가 해주는 것보다 내가 해서 드리는 게 좋아요 라며 내놓은 반찬들이 하나같이 맛있다. 누가 가르쳐주지 않았는데도 잘하는 걸 보니 기특하다. 그래도 여전히 나는 두 손 가득 뭔가를 챙겨주려 하겠지 어머니가 그러셨듯이 예전 나는 어머니가 그저 억척스럽고 꾸밀 줄 모르며 좋아하는 것도 없고 친구도 없이 단순한 분이라고만 생각했다. 생선은 왜 머리랑 꼬리만 드시는지 왜 새벽마다 일찍 일어나셨는지 왜 항상 집에서 만든 밥만 드시는지 몰랐다. 어디가 아프다는 말씀도 없으셨고 늘 그런 줄만 알았다.

하지만 자식을 낳고 결혼시키고 부모가 되어보니 이제야 알겠다. 그 모든 것이 사랑이었다. 표현이 서툴렀을 뿐 마음은 누구보다 따뜻했다. 어머니가 돌아가시고 두 해가 지났다. 시간이 지날수록 그리움은 더 짙어진다. 냉동실 속 고등어 한 봉지가 그리움을 다시 꺼내 놓았다. 이제는 말할 수 있다.어머니, 고맙습니다. 사랑합니다.

그 마음 이젠 잊지 않고 살아가겠습니다.

# 아내의 생일

어제는 아내의 생일이었다. 하지만 생일이란 사실조차 잊고 지나쳐 버렸다. 의도한 것은 아니었지만 결국 아무 말 없이 지나가버렸다. 월요일이 아내의 생일이었고 그 전주 금요일과 토요일에는 섬으로 1박 2일 여행을 가기로 했다. 코로나 이후 여러 곳을 다녀봤지만 배를 타고 가는 곳은 오랜만이라 더욱 기대가 컸다. 무엇보다 이번 여행은 결혼 후 딸과 사위가 준비해 준 선물이었다.

여행이란 사실을 아내는 생일이어서 준비된 것이라고 알지 못한 채 우리는 여수에서 배를 타고 금오도 함구미항에 도착했다. 새벽 5시에 출발해 도착 후 차를 타고 하나로 마트에서 먹을 것들을 사고 낚시 용품점에서 통발 두 개를 샀다. 숙소는 옛 초등학교를 리모델링한 펜션이었다.

점심은 갈치조림과 구이로 즐겼고 장을 본 물건들을 냉장고에 넣은 후 바닷가로 나가 해변을 걸었다. 푸른 남해의 바다 속에서 행복을 찾으며 해안 절벽 근처에 통발을 놓고 카페에서 시간을 보내고 저녁에는 삼겹살 숯불구이를 해 먹었다.

저녁 식사 후 통발에 대한 기대감으로 바다로 다시 나갔다. 첫 번째 통발을 당겨보니 너무 무겁게 느껴져 고기가 많이 잡혔을 거라고 생각했다. 그러나 당겨보니 해초만 가득 차 있었다. 두 번째 통발을 올리는데, 가벼운 느낌이 들었다. 조금 더 당겨보니 문어가 통발 밖으로 올라타고 있었다. 내가 너무 서두르다 보니 문어는 바다 속으로 헤엄쳐 가버렸다. 그 모습을 보며 내 마음도 바다 속으로 빠져버린 것 같았다.

너무 빨리 올려서 그랬나 자책하며 돌아와서 보니 펜션 앞에서 일하시던 할머니가 문어를 봤다고 하셨다. 그 할머니는 강이면 곳 잡아도 바다인데 못 잡아 핀잔을 주셨다. 오래 섬에서 살아온 할머니에게는 바다가 놀이터처럼 보였던 것이다. 나는 바다가 무섭게 느껴졌지만 그 할머니의 이야기를 떠올리며 방으로 들어갔다.

늦은 밤 산책을 나갔다. 캄캄한 밤하늘에 별들이 반짝이고 별똥별이 하나 지나가며 길게 꼬리를 남겼다. 산책을 마치고 잠자리에 들었다. 새벽에 일어나 통발을 확인하러 다시 바다로 나갔다. 첫 번째 통발은 해초가 많았고 두 번째 통발에는 드디어 문어가 들어 있었다. 얼마나 기쁜지 신이 나서 통발을 들고 아내와 딸을 깨워 보여주었다. 그 후 숙회를 해서 아침을 먹고 섬을 둘러보기로 했다.

금오도는 비렁길로 유명하고 그 길을 걸으며 많은 사람들이 힐링을 얻는다. 비렁의 이름은 여수 사투리에서 유래된 벼랑을 의미한다. 우리는 3코스를 정하고 출발했다. 비렁길을 걸으며 풀밭과 동백 숲을 지나 갈바람 통 전망대와 매봉전망대에서 아름다운 절경을 감상했다. 하지만 딸과 아내는 힘들어해서 3코스를 다 걷지 못했다. 그래도 너무 좋은 시간이었고 함께 걸을 수 있어 행복했다.

그렇게 여행을 마치고 일요일 새벽에 집에 도착했다. 그날 저녁 아들에게 생일 선물이라며 안마를 시키고 나서야 아내의 생일이었음을 깨달았다. 아내는 서운해 하지 않고, 그저 웃으며 지나갔다. 결혼 생활을 하면서 시간이 지나면서 서로에게 소홀해지기 마련이다. 처음 만났을 때는 모든 걸 다 해줄 것 같았고 최선을 다했지만 결혼 후 시간이 지나면서 그런 열정이 서서히 식어가는 경우가 많다.

많은 남자들이 결혼 후 더 이상 잘해주지 않으며 소홀해지는데 그럴 때 아내는 예전과 다르다고 푸념하게 된다. 이로 인해 권태기가 오기도 하고 때로는 이혼까지 가게 된다. 이러한 일들을 예방하기 위해서는 결혼 생활이 길어질수록 배우자가 가장 소중하고 내편이라는 생각을 잊지 말아야 한다. 또한 서로의 차이를 이해하고 소통을 계속해야 한다. 그렇지 못할 때가 많다는 걸 알지만 이번 아내의 생일을 기억하지 못하고 지나친 것을 보며 미안한 마음이 컸다.

다음 생일에는 꼭 기억하고 작은 이벤트라도 준비해 아내에게 고마운 마음을 전하고 싶다. 언제나 옆에 있어 고맙고 부족한 남편과 함께 살아줘서 고맙다는 말을 꼭 해야겠다. 결혼 생활에서 중요한 것은 매일의 작은 관심과 배려이다. 시간이 지나도 서로에게 소홀해지지 않도록 매 순간을 소중히 여기며 살아가야 한다.

# 약자에 대한 태도가 우리의 인격을 말해준다

어느 날 텔레비전에서 흘러나온 한 문장이 내 마음을 붙들었다. '약자에 대한 태도가 당신의 인격 수준이다.' 짧지만 묵직한 그 말은 마음 깊숙한 곳에 울림을 남겼다. 인간됨의 척도는 말이나 외모 사회적 지위가 아닌 사회적 약자를 대하는 태도에서 드러난다는 이 단순한 진실이 오래도록 나를 생각에 잠기게 했다.

어린 시절 내 기억에 오래 남은 장면이 있다. 골목길 모퉁이에서 할머니 한 분이 넘어진 채 길바닥에 앉아 계셨다. 사람들은 곁을 지나가면서도 고개만 돌릴 뿐 누구 하나 손을 내밀지 않았다. 나는 어린 마음에 도무지 이해가 되지 않아 조심스레 다가가 할머니의 손을 잡았다. 그분은 내 손을 꼭 잡고는 고맙다며 눈물을 흘리셨다.

그때 나는 아주 작고 서툰 행동 하나가 누군가에겐 큰 위로가 될 수 있다는 것을 처음 알았다. 강자에게 보이는 공손함보다 약자에게 베푸는 따뜻함이야말로 진짜 인격이 아닐까.

우리는 누구나 약자의 입장이었던 순간이 있다. 어린 시절 학교에서 사회 초년생으로 첫 직장에 들어갔을 때 또는 인생의 어려운 국면에서 우리는 타인의 도움과 배려를 필요로 했다. 그렇기에 지금 우리가 서 있는 자리가 어느 정도의 힘을 가지고 있다면 그 힘을 어떻게 쓰는지가 곧 우리 인격의 깊이를 말해주는 것이다.

나는 사회봉사 활동을 했다. 복지관에서 어르신들을 보살피고 공부방에서 아이들과 시간을 보냈다. 그 경험은 단지 누군가를 돕는 시간을 넘어 내 삶의 방향을 되돌아보는 계기가 되었다. 때로는 작은 말 한마디에도 크게 웃고 감사 인사를 건네는 분들을 보며 도움을 받는 사람보다 주는 내가 오히려 더 많은 것을 얻고 있다는 사실을 실감했다. 사람 사이의 관계란 결국 따뜻한 마음이 오가는 순간에서 시작되는 것임을 배웠다.

약자를 대하는 태도는 단순한 행동이 아니다. 그것은 한 사람의 세계관 철학 삶의 방향을 고스란히 드러낸다. 어떤 사람은 그것을 도덕적 의무라 하고, 또 어떤 사람은 연민이라 하지만 진정한 인격은 그러한 행동이 의무감이 아닌 자연스러움에서 나올 때 비로소 완성된다. 타인의 고통을 내 일처럼 느끼는 감수성과 손 내밀기를 주저하지 않는 용기야말로 성숙한 인격의 증표이다.

직장생활을 하면서도 이 마음을 잊지 않으려 애쓴다. 바쁜 일상 속에도 동료의 작은 변화나 말 없는 고민을 눈여겨보려 한다. 때로는 커피 한 잔 때로는 괜찮아 짧은 인사 한마디가 상대에게는 큰 위로가 되기도 한다. 그럴 때마다 나 스스로도 조금 더 따뜻한 사람이 된 것 같은 기분이 든다. 결국 약자를 대하는 태도는 타인을 위한 것이기도 하지만 내 안의 사람다움을 키우는 길이기도 하다.

누구나 실수할 수 있고 때로는 무심할 수 있다. 나 역시 바쁘다는 이유로 또는 내 일에 매몰되어 누군가의 아픔을 지나쳐버린 적이 있다. 하지만 중요한 것은 그런 자신을 돌아보고 다음에는 더 나은 사람이 되려는 의지다. 약자를 배려한다는 것은 누군가를 불쌍히 여기는 시혜적인 태도가 아니다. 그것은 인간 대 인간으로 마주 선 서로에 대한 존중이며, 공감이다.

더불어 사회 전체의 시선도 달라져야 한다. 약자를 배려하는 행위가 칭찬받는 특별한 미덕이 아니라 누구나 당연히 지켜야 할 일상의 윤리로 자리 잡아야 한다. 그러기 위해서는 우리 모두가 먼저 변화의 시작이 되어야 한다. 말보다 행동으로 보이는 것보다 보이지 않는 것에 먼저 마음을 두는 태도가 필요하다.

결국 약자를 대하는 우리의 태도는 인격을 가늠하는 거울이다. 그 거울에 비친 자신의 모습이 부끄럽지 않기를 그리고 누군가에게 따뜻한 사람으로 기억되기를 나는 바란다. 나아가 그런 태도가 조금씩 확산되어 모두가 서로를 존중하며 살아가는 사회가 되기를 꿈꿔본다. 그 첫걸음은 오늘 내가 우리가 가장 가까운 누군가에게 따뜻한 시선을 건네는 일에서 시작될 것이다.

# 인생 열차

열차를 아주 오랜만에 타보았다. 강원도로 떠나는 여행길이었다. 자가용 대신 열차를 선택한 덕분에 마음이 훨씬 여유로웠다. 청량리에서 출발해 양평, 원주, 제천, 영월을 거쳐 아우라지까지 이어지는 여정 열차는 도시를 지나 청정한 자연 속으로 접어들었고, 영월부터는 오지의 작은 역들을 지나며 깊은 산과 계곡의 기운을 그대로 전해주었다.

마침 정선 오일장이 열리는 날이어서 많은 어르신들이 열차에 탑승해 있었다. 그중 한 할머니가 옆자리에 앉아 토마토 하나를 건넸다. 이거 하나 맛봐요. 할머니의 넉넉한 미소에 마음이 풀렸다. 나는 토마토 몇 개를 더 사서 먹었고 그 사이 열차는 어느새 넓은 평야를 지나 계곡 옆을 달리고 있었다.

창밖을 바라보는 순간 빠르게 지나가는 풍경 속에서 문득 인생이 떠올랐다.

살다 보면 마치 빠른 속도의 열차를 타고 있는 것처럼 느껴질 때가 있다. 시간은 쉼 없이 흘러가고 우리는 그 흐름 속에서 어디로 가고 있는지조차 모르고 살아간다. 앞만 보며 달리다 보면 내가 어디쯤 왔는지 어디서 출발했는지도 희미해질 때가 있다.

하지만 열차는 때때로 정차 역에 멈춘다. 승객들은 음식을 사 먹기도 하고 차창 밖으로 풍경을 바라보며 숨을 돌린다. 여행의 묘미는 바로 그런 멈춤에 있다. 그런데 현대인의 삶은 어떤가, 우리는 멈출 줄을 모른다. 하루하루를 쫓기듯 살아가며 잠시 쉬어갈 틈도 주변을 둘러볼 여유도 잊고 지낸다.

그러나 인생은 단지 달리기만 하는 긴 여정이 아니다. 오히려 중간 중간의 쉼 그 짧은 멈춤이 인생을 더욱 풍요롭고 의미 있게 만든다. 나는 그 여행에서 토마토를 건넨 할머니의 소박한 정, 차창 밖으로 스치는 들판의 푸름, 사람들의 웃음소리 속에서 작고 따뜻한 행복을 느낄 수 있었다.

행복이란 무엇일까? 우리는 흔히 행복을 크고 특별한 것으로 착각한다. 큰 성공 많은 재산 유명해지는 것 물론 그런 것들도 하나의 행복일 수 있다. 하지만 그보다 더 중요한 건 일상 속 작고 사소한 순간들이다.

아침에 눈을 뜨고 마시는 따뜻한 커피 한 잔 사랑하는 사람과의 짧은 대화 아름다운 풍경을 바라보며 잠시 멍하니 있는 시간 친구와 나누는 소박한 웃음 가족과 함께하는 저녁 식사 이런 순간들이 바로 진짜 행복이다.

사람들은 너무 멀리 너무 거창한 것을 향해 나아가느라 정작 가까이에 있는 작고 소중한 행복들을 놓치고 산다. 그러나 인생의 진짜 재미는 그 작은 행복을 알아차릴 수 있는 눈 그리고 그것을 소중히 여길 줄 아는 마음에 있다.

한 사람의 인생을 돌아보면 결코 커다란 사건들로만 채워져 있지 않다. 오히려 기억에 남는 건 아주 평범했던 날들 작고 따뜻했던 순간들이다. 그래서 나는 말하고 싶다. 행복은 결코 멀리 있지 않다고 오히려 우리 곁 지금 이 자리 이 순간에도 얼마든지 존재하고 있다고 여행 중 열차는 수많은 정차 역을 지난다. 그때마다 사람들은 새로운 승객을 만나고 새로운 풍경을 마주하며 여정을 이어간다. 인생도 마찬가지다. 멈추는 순간들이 있어야만 더 멀리 갈 수 있다. 그리고 그 멈춤 속에서 우리는 자신을 돌아보고, 방향을 점검하고 마음을 정비할 수 있다.

그래서 나는 오늘도 생각한다. 지금 내 인생 열차는 어디쯤 와 있나 나는 어디로 가고 있는가. 그리고 나는 이 여행에서 무엇을 보고 무엇을 느끼며 무엇을 남기고 있는가. 인생이라는 열차에서 우리는 모두 여행자다. 그 여정은 언제 끝날지 알 수 없고 어디까지 이어질지도 모른다. 하지만 분명한 건 그 길 위에서 우리가 발견하는 작은 행복들이 우리 삶을 더 아름답고 깊이 있게 만들어준다는 것이다.

오늘 하루 내 옆에 있는 사람들과 따뜻한 대화를 나누고 창밖의 하늘을 바라보며 잠시 쉬어가면 맛있는 음식 한 끼에 감사하고 친구의 안부에 웃어보고 그렇게 살아간다면 우리의 인생 열차는 단순한 이동이 아니라 진정한 행복의 여정이 될 것이다.

작은 행복들을 발견하고 그것에 미소 지을 수 있는 하루 그것이야말로 가장 큰 인생의 선물이라 생각한다.

# 함께 살아가기

아침부터 새소리가 요란하다. 늦은 밤까지 근무를 하고 돌아와 겨우 눈을 붙였는데 시끄러운 지저귐에 얕은 잠이 깨고 말았다. 못 이겨 일어나 현관문을 열고 복도로 나가본다. 빛이 잘 드는 복도 한편엔 내가 돌보는 화분들이 줄지어 서 있다.

포도나무와 아로니아를 큰 화분에 심어 정성껏 가꿨더니 생각보다 실한 열매들이 열렸다. 열악한 환경 속에서도 열매를 맺어가는 녀석들을 볼 때마다 마치 한 농부처럼 마음이 흐뭇해진다. 무더운 여름 속에서 다가올 수확을 기다리며 매일같이 들여다보는 포도송이. 연두 빛이 서서히 짙은 보랏빛으로 물들어갈수록 마음도 설렘으로 물든다. 복권 당첨을 기다리는 마음이 이럴까. 단 하나의 송이조차 소중하게 느껴진다.

그런데 그날 아침 시끄러운 새소리에 이끌려 복도에 나간 순간이었다. 참새보다 훨씬 큰 검은 새 두 마리가 포도나무 근처에서 요란하게 소리를 지르고 있었다. 그러더니 한 마리가 슬그머니 포도송이로 다가가 부리로 쪼아댄다. 순간 화가 치밀었다. 떽 소리를 질러 쫓아냈더니 이놈들도 나를 향해 똑같이 떽 되받아친다. 도무지 물러날 성각도 하지 않는다. 내가 다가서자 그제야 푸드덕 날아올라 전깃줄에 앉더니 여전히 소리치며 항의하는 듯 눈빛을 보낸다. 마치 자신들이 주인이고 내가 그들의 포도를 건드렸다는 투다.

어처구니가 없었다. 내 손으로 돌보고 키운 포도인데 저들이 무슨 권리로 목소리를 높이는지 그렇게 새들과 실랑이를 하던 중 문득 오래된 기억 하나가 떠올랐다. 중학교 시절 미술 시간 전 친구와 장난을 치다 손을 크게 다친 적이 있다. 칼이 손을 깊게 베었고 피가 멈추지 않았다. 병원에 가야 했지만 걱정은 상처보다도 부모님이 알게 될까 하는 두려움과 병원비였다. 다행히 친구가 참고서를 사려고 가져온 돈이 있었고 선뜻 나를 위해 그 돈을 내주었다.

덕분에 병원에서 손을 꿰맸고 아무도 모르게 일상으로 돌아올 수 있었다. 일주일쯤 지났을까 친구가 참고서를 사야 하니 돈을 달라고 했다. 그런데 그때 나는 엉뚱하게도 네가 준 건데 왜 갚아 되레 큰소리를 냈다. 나를 위해 선의로 내어준 것을 어느새 내 것인 양 착각했던 것이다. 결국 친구 어머니가 사실을 알게 되었고 우리 어머니께 상황을 전했다. 어머니는 친구에게 고맙다며 돈을 전해주셨고 나는 며칠 동안 친구를 원망하며 눈을 흘겼다.

지금 생각하면 얼마나 부끄러운 일인가. 친구의 호의를 당연히 여기고 돌려주려 하지 않았던 내 어린 모습 그 일 이후 우리는 더 가까운 친구가 되었지만 그 순간의 기억은 아직도 얼굴을 붉히게 만든다. 그때의 내가 지금의 새들과 다를 게 있었을까 남의 것을 내 것처럼 여기고 소유권을 주장하며 큰소리를 쳤던 모습이 겹쳐 보였다.

우리는 살아가며 종종 욕심이라는 이름 아래 내 것이 아닌 것을 내 것처럼 착각하고 그것을 지키기 위해 목소리를 높인다. 마치 세상이 내 중심으로 돌아가야 한다는 듯이. 그러나 결국 그런 욕심은 관계를 망치고 후회를 남긴다. 욕심을 내려놓고 함께 살아가는 법을 배워야 한다.

나만을 위한 삶이 아니라 우리 모두를 위한 삶. 내가 조금 손해 보더라도 그로 인해 함께 웃을 수 있다면 그것이 진짜 부자다. 나눌 수 있을 때가 진정 풍요한 순간이며 함께하는 삶이야말로 가장 값진 인생이다.

요즘 세상 돌아가는 모습을 보면 씁쓸한 마음이 든다. 권력을 가진 자들이 국민을 위해 일하기보단 자신의 욕심을 채우기에 급급하다. 결국 그들이 맞이하는 건 법의 심판과 부끄러운 말로뿐이다. 내 것만을 챙기려다 모든 것을 잃는 그들의 모습은 우리 모두에게 경고처럼 다가온다.

오늘 아침도 새들이 지저귄다. 전에는 다투는 소리 같았던 그 소리가 이제는 함께 노래하는 것처럼 들린다. 밖으로 나가 말했다. 많이 먹고 예쁘게 노래해라. 마음을 바꾸니 그들의 소리도 다르게 들린다. 나눔 속에서 피어나는 행복 그것이 진짜 잘 사는 삶이 아닐까 함께 살아가는 법. 그것을 배워가며 나는 오늘도 작은 화분 앞에 선다.

# 행복하기

많은 사람들이 행복해지기 위해 살아간다. 얼마 전 조기 퇴직 후 사업을 시작한 친구에게서 연락이 왔다. 그는 다짜고짜 물었다. 너는 행복하냐? 나는 망설임 없이 행복하다고 답했고 살아가는 데 큰 불편함이 없다고 덧붙였다. 그러자 그는 긴 푸념을 털어놓기 시작했다.

그는 가족을 부양하기 위해 시작한 사업에서 많은 돈을 벌었다. 처음엔 하루하루가 즐겁고 행복하다고 느꼈단다. 그런데 돈이 생기니 아내는 자전거 동호회 활동에 빠져 집안일은 소홀해지고 하루 종일 밖으로만 돌아다닌다고 했다. 두 아들도 각자의 삶을 살고 있었다.

큰아들은 사업을 한다며 필리핀으로 떠나 얼굴을 보기 힘들고 작은 아들은 연애에 빠져 돈이 필요할 때만 집에 들른다고 했다. 그는 돈만 있으면 행복할 줄 알았는데 오히려 정이 그립다며 가족들과 여행 다니고 함께 밥 먹으며 부대끼던 시절이 더 행복했던 것 같다고 말했다.

반면 또 다른 친구는 경제적으로 힘든 상황 속에 있었다. 그는 그저 살아 있으니까 사는 것이라며 돈만 있으면 지금보다는 행복할 것 같다고 했다. 그리고 내게 회사 다니고 편하게 글이나 쓰는 너 같은 사람이 뭘 알겠냐고 말하기도 했다.

하지만 나라고 힘든 일들이 많았다. 회사에 다니며 아내가 아픈 것을 돌봐야 했고 그로 인해하고 싶은 일들을 포기하며 살아야 했다. 아이들이 어릴 땐 상처받지 않게 하려고 학교 행사나 중요한 일엔 빠지지 않고 참석했다. 주말에도 외출보다는 집에 머무르며 가족을 챙겼다.

그러다 어느 순간 내 삶을 더 깊이 들여다보기 시작했다. 이대로 흘러가듯 살아도 괜찮은 걸까? 하는 생각이 들었고 나 자신을 개발하기로 마음먹었다. 원래 관심 있던 글쓰기를 배우기 시작했고 용기 내어 도전한 끝에 등단까지 하게 되었다. 글을 쓰다 보니 생각하는 시간이 많아졌고 다른 사람의 입장을 헤아릴 수 있게 되었다. 그렇게 삶을 대하는 태도가 바뀌었고 생각을 바꾸니 기쁨이 찾아왔다. 그 기쁨이 곧 행복이라는 걸 알게 되었다.

특히 딸의 결혼식에서 쓴 편지가 기억에 남는다. 딸의 마음을 다치게 하진 않을까 고민하고 망설였지만 결국 마음을 담아 정성껏 편지를 썼다. 결혼식 날 딸은 그 편지를 읽고 고맙다 사랑한다는 말을 남겼다. 그 순간 모든 고민이 사라졌다. 딸을 향한 마음이 전해졌다는 사실에 큰 기쁨과 희열을 느꼈고, 눈물이 멈추지 않았다. 나는 그때 깨달았다. 행복은 밖에 있는 것이 아니라 내 안에 있다는 것을.

삶이 아무리 힘들고 고통스러워도 마음이 평안하고 기쁘다면 그것은 분명 행복한 삶이다. 결국 행복이란 전적으로 마음가짐의 문제라는 것을 알게 되었다.

얼마 전 신문에서 가슴 아픈 기사를 읽었다. 너만 공부 잘하면 우리 가족은 행복할 거야, 아버지의 이 한 마디에 15살 아들이 베란다에서

투신했다. 가족이 모여 행복에 대해 이야기하던 자리에서 성적이 떨어진 아들에게 아버지가 툭 던진 말 너만 공부 잘하면 우리가족은 행복할 텐데, 그러자 아이는 그럼 나만 없으면 되겠네요 라는 마지막 말을 남긴 채 뛰어내렸다. 가족회의는 참혹한 비극으로 끝이 났다. 그 아이는 평소에도 쌓여있던 불만과 외로움을 안고 있었고 그 말이 결정적이었다.

이 사건은 우리에게 묻는다. 행복이란 도대체 무엇인가? 사람마다 행복에 대한 기준이 다르다. 어떤 이는 돈 어떤 이는 건강 또 어떤 이는 가족의 화목을 가장 중요한 요소로 여긴다. 그런데 진정한 행복을 원한다면 우리는 먼저 행복이 무엇인지 알아야 한다. 그것을 알지 못하면 지금 내가 행복한지도 모르게 살아가게 된다.

내가 생각하는 행복은 두 가지다. 하나는 마음의 평화, 다른 하나는 삶의 기쁨이다. 우리는 모두 언젠가 죽음을 맞이한다. 그 짧지 않은 인생을 남을 헐뜯고 싸우며 살아간다면 얼마나 힘들겠는가.

부부가 자녀가 부모와 자식이 늘 갈등 속에 있다면 행복은 저 멀리 밀려나 있을 것이다. 반대로 서로를 존중하고 좋은 관계를 유지하려 노력한다면 그 속에서 진정한 평화를 찾을 수 있다. 자신의 마음을 돌아보며 평온을 유지하려 애쓰고 지금 가진 것에 감사하며 만족하는 삶을 살아갈 때 행복은 어느새 우리 곁에 머물게 된다.

또한 자신이 무엇을 할 때 기쁘고 즐거운지를 스스로 알아야 한다. 그런 일을 할 때 시간이 빨리 간다. 하고 나면 마음도 풍요로워 진다. 그 활동을 지속적으로 해나갈 때 우리는 욕구 충족과 함께 기쁨을 느낄 수 있고 그것이 곧 행복이 된다. 물론 자신의 만족을 위해 타인에게 피해를 주어선 안 된다. 그것은 진정한 행복이 아니다.

내가 글을 쓰며 느낀 행복처럼 누군가에게 따뜻한 말을 건네고 공감하고 함께 시간을 보내며 느끼는 작고 따뜻한 순간들이 쌓일 때 우리는 행복해진다. 사랑의 눈과 마음으로 주변을 돌아보고 작은 것에 감사할 때 우리는 스스로에게 묻지 않아도 지금, 나는 행복하다고 답할 수 있게 된다.

# 사랑의 온도

퇴근길, 동네 한 모퉁이에 붕어빵을 파는 노점이 눈에 띈다. 두 마리에 이천 원 작년까지만 해도 천 원이었으니 값이 많이 오른 셈이다. 이미 한 마리를 집어 들고 걸으며 먹고 있었다. 추운 날 김이 모락모락 나는 붕어빵의 달콤한 팥소는 어린 시절을 떠올리게 한다. 더 몇 개를 사서 집으로 돌아가 가족과 함께 나눠 먹었다. 오랜만에 느껴보는 따뜻한 간식의 맛이었다.

찬바람이 불기 시작하면 생각나는 간식들이 있다. 붕어빵, 군고구마, 어묵, 호떡 같은 것들 삼십여 년 전만 해도 길거리 곳곳에서 볼 수 있었던 풍경이다. 특히 붕어빵이나 군고구마를 파는 사람들 중엔 학생들도 많았다.

방과 후엔 친구들과 길가에 줄지어 앉아 손을 호호 불어가며 붕어빵을 먹던 시절이 있었다. 그때는 붕어빵이 단순한 간식을 넘어서 따뜻한 위로였고 가족 간의 사랑을 나누는 매개이기도 했다. 아버지가 퇴근길에 사 오신 붕어빵 한 봉지는 집안에 온기를 퍼뜨렸고 그 속엔 말로 다 하지 못한 사랑이 담겨 있었다.

그날 저녁 뉴스를 보다가 체온에 관한 이야기를 들었다. 사람의 체온은 건강의 척도라는 내용이었다. 체온이 1도만 올라가도 면역력은 향상되고 몸 안의 각종 기능이 활발해진다는 것이다. 반면 체온이 낮아지면 면역력이 약해지고 각종 질병에 쉽게 노출될 수 있다고 했다. 특히 요즘 현대인들은 과도한 스트레스와 냉방기 사용 불규칙한 식사로 인해 평균 체온이 점점 낮아지고 있다고 한다. 체온이 낮으면 감기뿐 아니라 각종 염증 알레르기 우울증 등에도 취약해진다. 혈액 순환이 원활하지 않으니 몸도 마음도 병들어가는 것이다.

그 뉴스를 보면서 문득 사회에도 체온이 있을까? 하는 생각이 들었다. 몸의 체온이 건강을 좌우하듯 사회의 체온드 사람들의 삶에 큰 영향을 미치지 않을까 나는 그것을 사랑의 온도라고 부르고 싶다.

이 사랑의 온도가 낮아질수록 사회는 병든다. 서로를 향한 무관심 냉소적인 시선 나만 생각하는 이기심이 점점 세상을 차갑게 만든다. 그렇게 차가워진 사회는 범죄와 갈등 불안과 우울이 가득한 곳이 된다.

따뜻한 사회는 사랑의 온도가 높은 사회다. 서로 돕고 이해하고 배려하는 문화가 자리 잡힌 곳은 사람들 마음속에도 온기가 돈다. 그런데 날씨가 추워질수록 마음마저 시려오는 사람들이 많아진다. 내가 자주 가는 보육시설 아이들은 누군가의 말 한마디 따뜻한 손길 함께 시간을 보내주는 것만으로도 눈빛이 달라진다. 누군가와 함께 있다는 사실이 그들에게는 큰 위로다. 누군가와 함께 음식을 만들고 함께 웃고 이야기를 나누는 순간 그들의 표정은 환하게 피어난다.

홀로 지내시는 어르신들도 마찬가지다. 도시 한 켠 작은 방에서 혼자 밥을 챙기고 혼자 텔레비전을 보는 삶 누군가 반찬 한 통 들고 찾아오면 힘든데 왜 왔냐며 손사래를 치면서도 얼굴에는 미소가 가득하다. 돌아가는 나를 향해 뭐라도 쥐어주려 애쓰시는 손길은 그리움과 정이 묻어난다. 정을 나누고 싶은 마음, 말을 건네고 싶은 욕구는 여전히 살아 있는 것이다.

겨울이 되면 소년소녀가장들의 삶도 더 힘겨워진다. 빨래를 미루고 밥 챙겨 먹는 일도 귀찮아지고 난방비 걱정에 밤잠을 설친다. 생활의 무게를 혼자 짊어진 채 어른처럼 살아가는 아이들 그들에게도 따뜻한 관심과 도움이 절실하다.

또 장애인 시설에서 생활하는 사람들 역시 겨울이 주는 추위뿐 아니라 외로움과 정서적 고립에 더 힘들어한다. 추위는 단순히 몸을 얼게 하는 것이 아니라 마음과 생각까지 얼어붙게 만든다.

잠시만 시선을 돌려보면 우리의 주변에도 그런 사람들이 참 많다. 너무 가까워서 너무 일상처럼 보여서 놓치기 쉬운 사람들. 그들을 바라보는 눈이 사랑의 눈이 되기를 바란다. 우리가 가진 것을 나누고 따뜻한 말 한마디를 건네고 짧은 시간이라도 함께 있어주는 것 그것만으로도 사랑의 온도는 조금씩 올라간다.

사랑의 온도가 올라갈수록 사회는 따뜻해진다. 사랑이 있는 곳엔 범죄가 줄고 불안이 사라진다. 누군가의 아픔을 함께 나누고 부족함을 채워줄 수 있는 공동체가 될 수 있다. 물론 이런 일들은 거창하지 않아도 된다. 이야기를 들어주는 것, 집 앞 눈을 함께 치워주는 것, 청소를 도와주는 것, 마트에서 무거운 짐을 들어주는 것, 그런 아주 사소한 일들부터 시작하면 된다.

따뜻한 말 한마디가 누군가에겐 하루를 버티게 해주는 힘이 되기도 한다. 올해도 어김없이 전국에 사랑의 온도계가 세워질 것이다. 100도를 목표로 하는 그 온도계는 단순한 기부의 수치를 넘어서 우리 사회가 얼마나 따뜻해질 수 있는지를 상징한다. 많은 것을 가진 사람만이 아니라 모두가 함께 해야 이 온도는 오를 수 있다.

누구나 자신만의 방식으로 사랑을 실천할 수 있다. 말 한마디 따뜻한 눈빛 짧은 안부 전화 작은 물질적 나눔까지 그 모든 것이 모여 사랑의 온도를 끌어올린다.

경제가 어렵고 삶이 팍팍하다는 말이 익숙한 시대다. 그러나 그럴수록 우리는 더 사랑을 나눠야 한다. 어렵기 때문에 서로가 필요하고 추울수록 온기를 나눌 수 있는 손길이 소중하다. 지금이 바로 시작할 때다. 사랑의 눈으로 세상을 바라보고 내가 가진 것을 나누며 함께 살아가는 이웃에게 관심을 기울이는 것 그것이 우리가 할 수 있는 가장 따뜻한 실천이다.

100도를 넘어 펄펄 끓는 사랑의 온도가 되어 이 사회가 조금 더 따뜻하고 건강해지기를 바란다. 그렇게 사랑으로 데워진 세상에서 우리는 서로 기대며 행복하고 즐거운 삶을 살아가게 될 것이다.

# 설레임

아주 오랜만에 문구점에 갔다. 특별한 계획이 있었던 건 아니었다. 그저 요즘처럼 무감각하고 반복적인 하루 속에서 문득 따뜻한 마음 하나를 전하고 싶다는 생각이 들었고, 그 마음을 전하는 방식으로 편지를 떠올리게 되었다.

요즘은 대부분의 소통이 휴대폰 문자나 SNS를 통해 이루어진다. 간단한 인사말과 이모티콘 그리고 복사해 붙인 말들이 오가며 감정이 실리지 않은 대화가 일상이 되었다. 언제부터인가 나 역시 그 안에 익숙해졌고 그러다 보니 무언가를 설레며 기다리거나 말 한마디에 감동하는 일도 사라져갔다.

문구점에 들어서자 오래된 추억들이 한꺼번에 밀려왔다. 어릴 적 문방구는 작은 공간이었지만 그 안엔 온갖 재미가 숨어 있었다. 색색의 연필과 지우개 스티커와 종이접기 책, 그리고 불량식품이라고도 불리던 간식들까지. 무엇 하나 빠짐없이 내 유년 시절을 채워주던 것들이었다. 요즘 문구점은 그때와는 많이 달라졌다. 세련되고 브랜드 화된 제품들이 진열되어 있고 필요한 물건을 정해두고 가는 어른들보다는 그냥 구경삼아 들어오는 사람들도 많았다. 낯설고 새로운 공간이었지만 그 안에서 나는 어릴 적 감정을 다시 느낄 수 있었다.

나는 편지를 쓰기 위해 편지지를 고르고 있었다. 어떤 디자인이 좋을까, 어떤 문장이 담기면 좋을까, 고민하며 한참을 서성이고 있을 때 한 할머니가 다가왔다. 아흔 가까워 보이는 연세였고 손에는 빨간 딸기 모양의 엽서를 들고 있었다. 총각 이건 어때? 수줍게 웃으며 말을 건네는 그 모습이 어쩐지 귀엽고 따뜻하게 느껴졌다. 할머니는 유치원에 다니는 손녀의 생일에 맞춰 엽서를 보내고 싶어 문구점을 찾았다고 했다.

나는 요즘 아이들이 좋아하는 시크릿 쥬쥬 캐릭터가 들어간 엽서를 추천해 드렸다. 할머니는 연신 괜찮을까 너무 큰 거 같지 않아?라며 나에게 물으셨고, 우리는 자연스레 눈을 마주치며 웃었다. 그 순간 할머니의 얼굴 위로 한 소녀의 모습이 겹쳐져 보였다. 한때 누군가에게 설레는 마음으로 편지를 쓰던, 사랑스러운 기억을 간직한 소녀의 얼굴이었다.

나는 편지지를 몇 장 고른 후 문구점을 나왔다. 따가운 햇살이 머리 위를 덮고 있었지만 마음은 한없이 가벼웠다. 설레었다. 마치 첫사랑을 떠올릴 때처럼, 괜히 웃음이 나고 이유 없이 두근거렸다. 예전에는 편지를 자주 썼다. 친구에게 좋아하는 이에게, 때로는 나 자신에게도 그러나 어느 순간부터 그 모든 것을 멈추고 살았다. 바쁘다는 이유 귀찮다는 핑계 그리고 무엇보다 마음을 쓰는 일이 익숙하지 않다는 사실 때문이었다. 그런데 지금 나는 편지를 쓰지도 않았고, 그저 편지지를 몇 장 샀을 뿐인데도 이렇게 설레고 있는 것이다.

우리는 너무도 많은 것을 잃어버리며 살아가고 있다. 빠르고 편리한 것을 좇으며 그 안에 감정을 담는 법을 잊어버렸고 손 글씨의 떨림이나 종이의 질감 잉크의 번짐 같은 것들 속에 숨겨진 진심을 외면해왔다. 그저 읽히기만 하면 된다고 생각했고 반응만 오면 충분하다고 여겼다. 그래서 말은 짧아지고 감정은 단어 몇 개에 묶여버렸고 그 안에 사람의 온기를 담는 일은 점점 멀어졌다.

하지만 오늘 나는 달랐다. 문구점에서 만난 할머니와의 짧은 대화 속에서 그리고 손에 쥔 편지지를 바라보며 나는 다시 느낌이라는 것을 떠올릴 수 있었다. 느리고 불편한 방식이지만 마음을 담는 데에는 그만한 것이 없다는 것을 다시금 깨달았다. 내가 편지를 쓰게 될 아이들 역시 이 편지 속에서 단순한 문장 이상의 것을 느끼기를 바란다.

내가 머뭇거리며 편지지를 고르던 시간 마음을 담기 위해 단어 하나하나를 고민하던 순간 그리고 설레는 마음으로 우표를 붙이는 그 찰나까지 모두 느낄 수 있길 편지를 쓸 때면 문장을 고르느라 시간도 오래 걸리고 종이를 몇 장이나 버리기도 한다. 하지만 그렇게 한 글자씩 써 내려가는 과정은 나 자신과의 대화이기도 하다.

내가 누구를 생각하고 어떤 감정을 느끼는지 돌아보게 되고 그것을 어떻게 표현할 것인지 고민하게 된다. 그 과정을 통해 오히려 내가 위로를 받고 나의 감정이 정돈되어 간다. 결국 편지를 쓰는 일은 단순히 누군가에게 메시지를 전달하는 일이 아니라 내 안에 숨어 있던 감정의 결을 하나하나 꺼내 보는 작업인 셈이다.

나는 아직도 그 할머니의 미소를 잊지 못한다. 시크릿 쥬쥬 엽서를 손에 들고 수줍게 웃으시던 그 모습은 내 마음속에 깊이 새겨졌다. 그런 작은 장면 하나가 내게 얼마나 큰 울림을 주었는지를 생각한다. 때로는 우연히 스쳐가는 순간이 삶의 방향을 바꾸기도 하고 잊고 있던 감정을 되살리기도 한다. 문구점에서의 그 짧은 시간은 내게 그런 순간이었다.

편지를 쓰고 나서 나는 문득 궁금해졌다. 내가 쓴 편지를 받은 아이들은 어떤 표정이었을까 할머니가 고른 엽서를 받은 손녀는 어떤 반응이었을까 그 안에 담긴 마음을 알아채고, 엽서를 쥐고 행복한 하루를 보냈을까 그 모든 것이 궁금하면서도, 그저 마음을 담은 그 행위만으로도 충분하다는 생각이 들었다.

이제 나는 다시 편지를 쓰려고 한다. 자주가 아니어도 좋다. 그저 가끔 마음이 움직일 때마다 느리고 불편한 방식을 택하더라도 진심을 담아 전할 수 있다면 그것으로 충분하다. 그렇게 나의 하루는 다시 설렘으로 채워지고 문구점에서 느낀 따뜻한 기억은 오래도록 내 마음을 따뜻하게 지펴줄 것이다.

삶은 생각보다 빠르게 흐르고 우리는 그 속도에 밀려 중요한 것들을 놓치며 살아간다. 그러나 가끔은 속도를 늦추고, 마음을 담을 수 있는 작은 행동 하나로도 삶은 풍성해질 수 있다. 나는 오늘 문구점에서 그것을 배웠다. 그리고 그 설렘을 오래도록 잊지 않고 간직하고 싶다.

# 착해지려 사랑받으려 마라

우리는 살아가면서 종종 착해지려고 애쓴다. 그리고 또 한편으론 사랑받기 위해 노력한다. 세상은 착한 사람을 좋아하고 사랑받는 사람을 부러워하며 때로는 그 둘을 이상적인 삶의 기준처럼 제시한다. 하지만 착함과 사랑이라는 것이 그렇게 애쓴다고 해서 쉽게 얻어지는 것일까 혹은 억지로 쥐고 있다고 해서 오래도록 손안에 머물러 주는 것일까? 어릴 때부터 우리는 착해야 한다는 말을 들어왔다. 예의 바르게 행동하고 부모님 말씀을 잘 듣고 친구들과 사이좋게 지내야 착한 아이라는 말을 들었다. 그것은 마치 삶의 공식 같았다. 그렇게만 하면 칭찬도 받고 사랑도 받을 수 있다고 믿었다. 하지만 시간이 지나면서 알게 되었다. 무조건 착한 척만 한다고 해서 모두가 나를 좋아해 주는 것도 아니며 사랑받고 싶은 마음을 앞세운다고 해서 진짜 사랑이 주어지는 것도 아니라는 것을 진짜 착함은 애써서 만들어지는 것이 아니다. 억지로 웃고 맞춰주고 참는다고 해서 마음이 따뜻해지는 것은 아니다. 오히려 그런 애씀은 스스로를 갉아먹고 때로는 자기 자신조차 잃어버리게 만든다. 착해야 한다는 강박은 마음을 짓누르고, 사랑받고 싶다는 바람은 스스로를 포장하게 만든다. 그렇게 우리는 점점 나를 지우고 타인의 기대만 남긴다. 하지만 누구도 가짜 나를 진심으로 사랑할 수는 없다. 누구도 억지로 만들어낸 친절함과 인내심을 존중하지는 않는다. 진짜 사람의 매력은 때때로 서툴고 엉성하더라도 솔직하고 진실된 모습에 있다. 마음에서 우러난 관심 진심에서 비롯된 행동이 사람과 사람 사이를 따뜻하게 만든다. 우리는 그런 순간에 감동하고 그런 사람에게 마음을 열게 된다. 어느 날 지친 친구가 조용히 눈물을 보일 때 우리는 깊은 말없이 옆에 가만히 앉아 있어 준다. 그것은 누구의 강요도 의무감도 아닌 자연스럽게 마음에서 나온 반응이다. 그런 행동 하나가 누군가에게는 세상의 모든 위로가 되기도 한다. 이렇듯 진정한 착함은 본능처럼 다가오는 것이며 사랑도 마찬가지다. 억지로 애쓰지 않아도 있는 그대로의 나를 받아줄 누군가는 분명히 있다. 문제는 우리가 그 있는 그대로를 자꾸 숨기려 한다는 데 있다. 단점은 감추고 눈치를 보며 나를 조정하고, 결국은 사랑받기 위한 버전의 나를 연출한다. 그렇게 맞춰 살아가는 동안 우리는 자신이 진짜로 원하는 것이 무엇인지조차 모르게 된다. 타인의 기대에 부응하느라 내 마음은 점점 무뎌지고 메말라 간다. 결국 사랑받고 싶어 애쓰던 마음은 오히려 외로움으로 되돌아온다. 진정한 관계는 계산과 연출이 통하지 않는다. 진짜 마음이 통하고 진짜 나를 보여줄 때 비로소 관계는 깊어진다. 우리가 진심으로 누군가를 걱정할 때 우리는 애쓰지 않는다. 그냥 가게 된다. 그냥 듣게 되고 그냥 함께 있게 된다. 그런 자연스러움에서 우리는 서로를 알아가고 진짜 정을 나누게 된다.

착한 사람이 되지 않아도 괜찮다. 세상이 말하는 기준에 맞지 않아도 지금의 내가 누군가에게는 충분히 따뜻할 수 있다. 완벽한 사람이 되려고 애쓰기보다는 불완전한 나 자신을 인정하고 그 모습 그대로 살아가는 것이 더 깊은 울림을 준다. 거기에는 억지가 없고 진실이 있다. 사랑도 그렇다. 사랑받기 위해 일부러 더 웃고 더 친절하게 굴고, 나를 작게 만드는 노력을 하지 않아도 된다. 오히려 그런 노력 없이도 누군가가 내 옆에 남아 있어 줄 때 우리는 진짜 사랑을 받는 것이다. 그 사랑은 안정감을 주고, 마음을 편안하게 하며 더 이상 스스로를 꾸미지 않아도 되는 자유를 준다.

우리는 때로 삶이 너무 복잡하고 힘들다고 느낀다. 그러나 사실 삶은 아주 단순한 곳에서 따뜻함을 준다. 진심 하나면 되고 진짜 마음 하나면 충분하다. 착해지려고 애쓰지 말고 사랑받으려고 애쓰지 말자. 대신 나 자신을 잘 들여다보고 그 마음을 그대로 표현할 수 있으면 좋겠다. 지금 이 순간도 누군가는 자신의 착함을 증명하기 위해 애쓰고 있을지 모른다. 또 누군가는 사랑받지 못할까 봐 전전긍긍하며 자기 자신을 숨기고 있을지 모른다. 하지만 조금은 내려놓아도 된다. 우리는 이미 충분히 괜찮고 존재 자체로 사랑받을 자격이 있다. 결국, 진짜 나를 있는 그대로 보여줄 수 있을 때 우리는 가장 자유롭고 가장 사랑받을 수 있는 존재가 된다. 진정성은 언젠가 반드시 닿는다. 그 마음을 아는 사람은 분명히 나타난다. 그러니 오늘은 나에게 말해주자.

애쓰지 않아도 괜찮아. 지금의 너도 충분해.

# 다름이라는 이름의 선물

요즘은 사람 만나는 일이 예전 같지 않다. 어릴 땐 누구와도 금세 친해졌고 서너 마디만 나누면 마음의 벽이 허물어지곤 했다. 그런데 나이가 들수록 사람은 쉽지 않다는 생각이 든다. 내가 변한 걸까 아니면 세상이 까다로워진 걸까 길을 걷다가도 카페에 앉아 대화를 나누다가도 문득 다들 나랑 너무 다르다는 느낌을 받을 때가 있다.

가장 최근의 일은 친구 모임에서였다. 아는 사람 다섯 명이 모였는데 대화 도중 사소한 정치 얘기가 나왔다. 한 친구가 다소 강한 어조로 말했다. 이건 진짜 말이 안 되는 거야 제정신이면 그렇게 못해 말이 끝나기도 전에 공기가 묘하게 식었다.

다른 친구는 조용히 커피를 마시며 시선을 피했다 그날 집에 돌아오는 길에 여러 생각이 들었다. 서로가 조금만 다르면 왜 이렇게 불편해지는 걸까?

다름이 불편한 이유는 아마도 불안해서일 것이다. 나와 생각이 다른 사람을 마주하면 내가 가진 신념이나 기준이 흔들리는 것 같고 내가 틀렸을 수도 있다는 두려움이 스며든다. 그 불안을 감추려 방어적으로 굴게 되고 결국 그 불편함은 비판이라는 형태로 밖으로 튀어나온다. 어느 날 동네 산책 중 벤치에 앉아 있는데 옆자리에 앉은 아주머니들의 대화가 들려왔다. 나는 며느리가 집에 와도 그냥 편하게 두려고 해요.

어머 난 그래도 시댁 오면 제사 음식 정도는 같이 해야지 싶던데? 서로의 방식은 분명 달랐지만 두 분 다 웃고 계셨다. 그래 이렇게 다름을 인정하면 되는 건데 나는 그 평범한 대화 속에서 묘한 깨달음을 느꼈다. 사실 다름을 인정한다는 건 쉬운 말 같지만 참 어렵다. 말투, 취향, 생활방식은 물론이고 사랑을 주는 방식 감정을 표현하는 방법 고마움을 전하는 언어까지도 사람마다 전혀 다르다.

나는 말로 감정을 표현하는 편이지만 내 친구는 행동으로 마음을 전한다. 그래서 종종 섭섭함을 느낀다. 고맙다는 말 한마디가 그렇게 어려워? 하지만 돌아보면 그 친구는 내가 힘들 때마다 먼저 찾아와 밥을 사주고 아무 말 없이 옆에 있어주곤 했다. 말보다 깊은 표현이었다는 걸 한참이 지나서야 깨달았다.

사람들은 종종 이렇게 말한다. 그 사람은 너무 이기적이야 왜 저렇게밖에 못 살아 그 말들 속에는 틀렸다는 전제가 담겨 있다. 하지만 삶에는 정답이 없다. 누군가는 혼자 사는 게 더 행복할 수 있고 누군가는 가족을 위해 모든 걸 포기하는 것이 삶의 이유일 수도 있다. 어떤 이는 조용한 곳에서 책 읽는 게 최고의 휴식이고 또 어떤 이는 사람 많은 시장을 걸어야 숨통이 트인다. 그 모든 방식이 다름일 뿐 틀림은 아니다.

예전엔 나는 조용한 사람이 답답하다고 느꼈다. 대화 중에 말수가 적고 감정 표현도 서툰 사람을 보면 도대체 무슨 생각을 하고 사는 걸까 싶었다. 하지만 그런 친구와 오랜 시간 함께하며 알게 됐다. 그들은 말 대신 행동으로 마음을 전한다는 것을 거절도 칭찬도 사과도 조용히 자신의 방식대로 하고 있었다는 걸.

요즘 나는 이해라는 단어를 자주 떠올린다. 이해는 단순히 아는 것이 아니라 상대의 입장에서 잠시 걸어보는 일이라고 생각한다. 그 사람은 왜 그렇게 말했을까 어떤 상황에서 자랐고 어떤 마음으로 살아왔을까. 그렇게 생각의 방향을 옮기는 순간 비난은 잠시 멈추고 다음엔 여유가 생긴다.

그리고 그 여유 속에서 관계는 조금씩 달라진다. 다름을 받아들이는 건 상대를 위한 일이 아니라 결국 나 자신을 위한 일이다. 다름을 인정하면 상처받을 일이 줄어들고 내 기준으로 세상을 재단하지 않게 된다. 그러면 삶은 조금 더 유연해지고 나 자신도 조금 더 부드러워진다.

오늘도 사람들과 마주하며 실수하고 서운하고 때로는 마음이 복잡해진다. 하지만 그 모든 순간에 나는 스스로에게 이렇게 말하려 한다. 괜찮아 그 사람은 나와 다를 뿐이야. 그리고 나도 그 사람과 다를 수 있어 다름을 인정하는 것은 관계를 지속하게 만드는 가장 강한 힘이다.

그 다름 덕분에 우리는 서로를 알아가고 성장할 수 있으니까.내일은 오늘보다 조금 더 여유로운 마음으로 서툴지만 따뜻하지 사람을 대하고 싶다. 그래서 언젠가 누군가 내게 말해주면 좋겠다. 당신은 나와 많이 다르지만 그래서 참 고맙다라는 말을.

유 · 승 · 재 · 수 · 필 · 집

# 제3부
# 생각의 장

# 계절 느끼기

요즘 들어 계절의 변화를 제대로 느끼지 못하고 있다. 언제부터 아침 저녁으로 느껴지는 온도의 변화나 창밖으로 보이는 풍경의 변화를 무심히 지나쳐버리는 일이 많아졌다. 바쁘게 살아가는 일상 속에서 주변을 돌아볼 여유가 없어진 탓일까 아니면 나이가 들면서 감수성이 무뎌진 걸까 가끔은 그런 나 자신이 낯설고 부끄럽기도 하다.

어느 날 문득 고개를 들어 하늘을 바라보았을 때 깜짝 놀랐다. 분명 얼마 전까지만 해도 차가운 바람 속에 몸을 움츠리고 다녔던 것 같은데 어느새 따뜻한 햇살이 피부에 닿고 길가의 나무들은 초록 잎을 가득 머금고 있었다. 봄이 지나고 여름이 성큼 다가와 있었다. 그렇게 계절은 변하고 있었지만 그 사실조차 인식하지 못하고 있었다.

돌이켜보면 어린 시절 계절의 변화에 누구보다 민감한 아이였다. 봄이면 마당에 피어난 꽃을 보며 신이 났고 여름에는 푸른 나무 그늘 아래에서 친구들과 뛰놀았다. 가을에는 바스락거리는 낙엽을 밟으며 학교 길을 걷는 것만으로도 즐거웠고 겨울이면 눈이 내리기를 손꼽아 기다리며 창문 밖을 바라보곤 했다. 그 시절에는 계절의 변화 하나하나가 큰 설렘이었고 자연의 작은 움직임에도 감동을 받았다.

하지만 언제부턴가 그런 설렘이 사라졌다. 바쁜 일상에 치이다 보니 주변을 돌아볼 여유가 사라졌고 계절의 변화는 그저 시간이 흘러가는 징표처럼 느껴졌다. 회사에서는 매일 쏟아지는 업무에 치이고 주말에는 밀린 집안일에 쫓겨 하루를 보냈다. 봄이 오건 여름이 오건 그냥 바쁜 하루하루를 살아냈을 뿐이었다. 그렇게 지내다 보니 어느 순간 내가 무엇을 놓치고 있는지도 모른 채 살고 있다는 생각이 들었다. 그저 하루하루를 버텨내는 삶 그것이 과연 내가 원하는 삶일까 하는 의문이 생기기 시작했다.

그래서 결심했다. 잠시라도 시간을 내어 자연과 마주하자고 그날은 일부러 시간을 비워두고 집 근처 공원으로 나갔다. 오랜만에 느껴보는 여유로움이었다. 따뜻한 햇살 아래 천천히 걸으며 주위를 둘러보니 나무들의 잎이 초록빛으로 물들어가고 있었다. 바람은 생각보다 선선했고 그 바람 속에서 자연이 주는 위로를 느낄 수 있었다.

그 순간 깨달았다. 계절의 변화는 단지 시간이 흐름을 의미하는 것이 아니라, 우리 삶의 리듬이자 감정을 채워주는 소중한 선물이라는 것을 살아가면서 우리는 점점 더 많은 책임을 짊어지게 된다. 사회적 역할도 커지고 해야 할 일들도 늘어난다. 그러다 보면 어느새 내 삶의 중심에서 내가 사라지고 주변의 요구에 따라 하루를 소비하게 된다. 그런 삶 속에서는 자신을 돌보는 일은 늘 뒷전으로 밀려나기 마련이다. 하지만 그런 때일수록 우리는 더더욱 자신을 돌아볼 필요가 있다. 짧은 시간이라도 자연과 마주하며 계절의 흐름을 느끼는 것만으로도 마음이 정리되고 삶의 여유를 되찾을 수 있다.

이제부터라도 계절을 온전히 느끼며 살고자 한다. 봄이 오면 피어나는 꽃을 바라보고 여름이 오면 나무 그늘 아래에서 바람을 맞으며 걸을 것이다. 가을에는 낙엽이 떨어지는 소리를 들으며 산책을 하고 겨울이 오면 창밖으로 내리는 눈을 보며 따뜻한 차 한 잔을 즐기고 싶다.

그런 사소한 여유가 삶을 더욱 풍요롭게 만들어 줄 것이라 믿는다. 바쁘게 살아가는 것도 중요하지만 그 속에서 나 자신을 잃지 않는 것도 중요하다. 자연의 흐름을 느끼고 계절의 변화를 받아들이며 사는 삶이야말로 진정한 삶의 여유라 생각한다. 바람이 불고 꽃이 피고 낙엽이 지고 눈이 내리는 그 모든 순간들이 삶의 의미가 되어줄 것이다.

계절은 우리에게 많은 것을 가르쳐 준다. 봄은 새로운 시작의 용기를 주고 여름은 활력과 생동감을 안겨준다. 가을은 성찰의 시간을 선물하고 겨울은 고요함 속에서 자신을 돌아보게 한다. 그렇게 계절은 늘 곁에 있으면서도 우리가 마음을 열고 느끼지 않으면 그냥 스쳐 지나가 버린다. 자연의 변화에 귀 기울이고 계절의 흐름 속에서 나를 찾아가기로 했다. 그렇게 하면 지금보다 더 따뜻하고 풍요로운 삶을 살아갈 수 있을 것 같다.

바쁜 일상 속에서 잠시 멈춰 서 보길 바란다. 계절이 우리에게 건네는 작은 인사를 놓치지 말고 그 인사를 통해 우리는 다시 삶의 리듬을 되찾고 진짜 나를 찾을 수 있다.

# 선택

최근에 교사 교육을 받았다. 오랜만에 강의를 듣고 낯선 내용을 새롭게 배우는 시간이었다. 짧은 시간이었지만 정신적으로는 제법 에너지가 드는 시간이었다. 어떤 사람에게는 모르는 걸 배우는 일이 즐거움일 수도 있겠지만 나에게는 한편으로 이 나이에 새로 시작해도 괜찮을까? 하는 생각이 들기도 했다. 늦은 시기가 아닌가 하는 망설임과 스스로에 대한 물음이 마음속에 자리했다.

교육을 마치고 유치부 교사들과 함께 잠시 바람이라도 쐬자며 한강으로 향했다. 토요일저녁 아직 해가 남아 따뜻한 공기를 머금은 도시가 조금은 여유로워 보였다. 우리는 한강 시민공원으로 향했지만 목적지 몇 킬로미터 전부터 차량이 밀리기 시작했다. 결국 30분 가까이 기다려도 주차장에 들어가지 못하고 여의도 공원으로 방향을 돌렸다. 하지만 거기도 사람들로 가득했다.

결국 다시 길을 돌려 동네 공원으로 갔다. 치킨을 시키고 분식도 시켜 나무 벤치에 둘러앉아 도란도란 이야기꽃을 피웠다. 결과적으로는 한강보다 더 편하고 웃음 많은 시간이 되었다.

돌아오는 길에 생각했다. 만약 그때 계속 한강에 들어가기를 고집했다면 어땠을까? 긴 시간 차 안에서 시간을 보내고, 주차장도 못 들어가고 피곤만 잔뜩 안고 돌아왔을지도 모른다. 어쩌면 작은 판단 하나로 이렇게 편안하고 소중한 시간을 얻을 수 있었던 것이다. 살다 보면 이런 선택의 순간들이 참 많다. 때론 인생 전체를 흔드는 큰 결정을 해야 할 때도 있고 때론 점심 메뉴나 옷 색깔처럼 사소한 선택 앞에 서기도 한다. 하지만 중요한 건 크고 작음을 떠나 모든 선택이 결국 나의 삶에 어떤 식으로든 영향을 미친다는 사실이다.

우리는 끊임없이 선택하며 살아간다. 어떤 선택은 되돌릴 수 없고 어떤 선택은 한 사람의 인생 전체를 바꾸기도 한다. 그래서 우리는 늘 선택의 기로에 서 있다. 선택은 때로는 용기를 필요로 하고, 때로는 지혜와 분별력을 요한다. 순간의 감정에 휩쓸려 내리는 선택은 큰 후회를 남길 수도 있고, 신중한 선택 하나가 예상치 못한 문을 열어주기도 한다.

그렇다면 우리는 어떤 기준으로 선택을 해야 할까? 그 답은 바로 자기 자신을 아는 것에서 출발한다고 생각한다. 나는 무엇에 관심이 있는가? 무엇을 할 때 가장 기쁘고 어떤 일에서 보람을 느끼는가 나의 강점과 약점은 무엇인가? 나를 정확히 이해하지 못하면 어떤 선택을 하든 그 끝에 만족이 없기 마련이다. 자기 자신을 이해하는 것 그것이 인생의 절반을 성공으로 이끄는 열쇠다.

요즘 주변을 보면 주식이나 가상화폐 투자에 몰두하는 사람들도 많다. 어떤 종목을 사느냐에 따라 단 며칠 만에 울고 웃는 일이 벌어진다. 어떤 선택은 평생의 결실이 되고, 어떤 선택은 한순간에 모든 걸 잃게 만들기도 한다. 그렇기에 더더욱 신중함이 필요하다.

선택은 단지 내 삶에만 영향을 주는 것이 아니다. 때로는 내 가족 동료 친구 이웃에게까지 파장을 일으킨다. 내가 하는 결정이 나만의 일이 아니라는 점을 기억해야 한다. 더불어 내가 지금 선택한 것뿐 아니라, 선택하지 않은 것들에 대해서도 돌아볼 줄 아는 마음의 여유가 필요하다. 선택하지 않은 길에도 분명 의미가 있었고 그 의미를 인식할 수 있어야 다음 선택에서도 후회 없는 결정을 내릴 수 있다.

그리고 우리는 알아야 한다. 인생은 단 한 번의 선택으로 결정되지 않는다. 마치 하나의 선택이 모든 걸 바꾼 것처럼 보일 때도 있지만, 실상은 수많은 작은 선택들이 모여 오늘의 나를 만들고 내일의 인생을 그려가는 것이다. 그러므로 순간의 선택에 좌절하지 말고 지나간 선택에 얽매이지도 말자. 오늘 내리는 이 작은 선택 하나가 또 다른 기회를 만들고 또 하나의 만남을 만들어 낼 수 있다.

결국 나는 나일뿐이다. 누가 대신 살아줄 수 없다. 내가 내린 선택은 내가 책임져야 한다. 그렇기에 더더욱 신중하게 그러나 두려움보다는 용기를 가지고 삶의 본질을 향해 나아가야 한다. 우리는 모두 자기 삶의 조종타를 쥐고 있는 항해자다. 풍랑이 와도 길을 잃어도 결국 나의 선택이 나의 항로를 결정한다.

선택은 곧 삶이다. 우리는 살아 있는 한 선택에서 자유로울 수 없다. 그렇다면 질문은 하나로 좁혀진다. 지금 어떤 삶을 선택하고 있는가?

# 비눗방울

지난 주일 유치부 아이들과 함께 공원으로 야외예배를 나갔다. 따스한 햇살과 부드러운 봄바람이 아이들을 반겼고 아이들의 작은 손엔 알록달록한 비눗방울 막대가 들려 있었다. 아이들은 공원에 도착하자마자 기다렸다는 듯이 비눗방울을 불기 시작했다. 공기 중에 흩날리는 투명한 구슬들 빛을 받아 무지갯빛으로 반짝이며 떠오르다 이내 사라지는 그 모습에 아이들은 와! 하고 탄성을 질렀다. 마치 온 세상이 동화처럼 느껴지던 순간이었다.

아이들은 서로 비눗방울을 더 높이 더 멀리 날리기 위해 입을 오물거리며 숨을 들이마시고 동그랗게 불어댔다. 어떤 아이는 비눗방울을 쫓아 팔을 벌리고 뛰어다녔고 또 다른 아이는 터뜨리는 재미에 푹 빠져 소리 내 웃었다. 그 웃음소리가 얼마나 천진난만하고 맑았던지 나도 모르게 웃음이 새어 나왔다. 햇살과 함께 퍼지는 웃음소리는 공원 전체를 감싸 안았다.

비눗방울 놀이가 끝나자 아이들은 과자 따먹기 게임을 시작했다. 실에 매달린 과자를 입으로만 먹는 놀이였는데 과자를 향해 얼굴을 붉히며 달려드는 모습이 어찌나 진지하고 귀여운지 나와 교사들 모두 웃음을 멈추지 못했다. 과자를 입에 물고 성공을 외치는 아이들의 눈빛은 반짝였고 실패한 아이들은 아쉬운 듯 입을 삐죽 내밀었다가도 곧바로 또 도전했다.

보물찾기 시간도 빠질 수 없었다. 풀숲과 나무 밑에 숨겨둔 작은 선물 상자를 찾으러 아이들은 탐험가처럼 이리저티 뛰어다녔다. 어떤 아이는 다리에 풀물까지 묻히면서도 끝까지 포기하지 않고 결국 보물을 찾아냈고 함께 박수를 쳐주며 축하해주는 모습에 어른인 나도 마음이 뭉클했다. 아이들은 경쟁보다는 함께 즐기는 법을 알고 있었다. 서로를 응원하고 기뻐하는 그 모습에서 우리는 진정한 공동체의 의미를 배웠다.

점심시간이 되어 돗자리를 깔고 도시락을 꺼냈다. 아이들은 자신이 좋아하는 반찬을 자랑하듯 보여주고 간식을 나눠 먹기도 했다. 밥을 먹는 와중에도 장난은 멈추지 않았다. 한 아이는 숟가락에 밥을 산처럼 올려놓고 한입에 넣겠다고 하다가 입 주변에 흘리고는 깔깔 웃었다. 그 소리에 주변 아이들도 웃음을 터뜨렸다. 그 작은 공원 한 켠에서 펼쳐진 아이들의 세계는 순수와 기쁨으로 가득 찼다.

그날 하루 나는 아이들과 함께 웃고 뛰고 비눗방울을 날리며 지냈다. 나도 모르게 가벼워진 마음, 사라졌던 웃음, 잊고 있던 설렘이 되살아났다. 어른이 되면서 어느샌가 잊고 지냈던 감정이었다. 우리의 일상은 늘 바쁘고 무겁다. 계획, 책임, 성과, 관계 속에서 마음이 자꾸 복잡해지고 무거워진다. 그런 삶 속에서 아이들과 함께한 이 하루는 나에게 커다란 치유의 시간이 되었다.

아이들의 웃음을 들으며 문득 이런 생각이 들었다. 우리는 왜 이렇게 심각하게 살아가는 걸까? 왜 지금 이 순간을 즐기지 못하고 늘 다음만을 바라보며 사는 걸까? 아이들은 지금 여기에 집중한다. 비눗방울 하나에 기뻐하고 과자 하나에 환호하며 친구 하나와 함께 뛰는 순간에 행복해한다. 우리는 너무 많은 것을 바라면서 정작 가장 중요한 것을 놓치고 있는 건 아닐까?

어린 시절 나도 그랬던 적이 있다. 작고 사소한 일에 웃음이 터지고 하루하루가 새롭고 신기하게 느껴지던 시절, 하지만 나이가 들면서 우리는 그런 감정을 점점 지워갔다. 어른이 된다는 것은 어쩌면 그 순수함을 잃어가는 과정일지도 모른다. 하지만 잃었다고 해서 다시 찾지 못하는 것은 아니다. 아이들과 함께 비눗방울을 쫓던 그 순간처럼 마음을 열고 현재를 온전히 느끼려 한다면 우리는 그 감정을 다시 꺼내볼 수 있다.

어른의 삶이 매일 아이들처럼 웃음만으로 채워질 수는 없겠지만 하루 중 단 몇 분이라도 그런 순수한 순간을 만날 수 있다면 우리의 삶은 훨씬 더 따뜻하고 풍요로워질 것이다. 아이들과 함께했던 야외예배는 단순한 놀이 시간이 아니었다. 그것은 삶의 본질을 되돌아보게 해준 소중한 선물이었다. 웃음은 우리 삶의 가장 강력한 치유이며 가장 순수한 사랑의 표현이다.

비눗방울은 공기 중에 떠다니다 이내 터지고 사라진다. 아주 짧은 시간 동안만 존재하지만 그 안에는 기쁨과 환희가 담겨 있다. 마치 인생의 작은 순간들과도 같다. 아이들의 웃음소리는 내 마음속에도 비눗방울처럼 피어올랐다. 그 웃음들이 하나둘 겹쳐져 내 안에 조용한 행복의 구름을 만들었다.

앞으로도 나는 일상의 틈에서 이런 소중한 순간들을 찾아내고 싶다. 내 안의 순수함을 잊지 않고 작은 일에도 감사하고 가벼운 마음으로 웃을 수 있기를 바란다. 그렇게 한다면 우리는 모두 비눗방울처럼 빛나며 때로는 사라져도 그 순간만큼은 즐거웠다고 말할 수 있을 것이다.

# 사생대회

시에서 주최하는 그림대회 안내문을 보는 순간 한동안 움직이지 못했다. 아련한 옛 기억들이 물 흐르듯 떠올랐다. 사생대회라는 단어만 들어도 40여 년 전 한없이 울던 기억이 떠오른다. 초등학교 4학년이었던 동생은 화가를 꿈꾸었다. 선생님의 권유로 신문사에서 여는 사생대회에 참가하게 되었고 나는 6학년 오빠로서 동생을 지켜주고 싶어 함께 참가 신청을 했다.

그 시절 우리 집 형편은 어려웠다. 부모님은 동행하지 못했고, 대부분의 아이들이 부모 손을 꼭 잡고 대회장에 나타난 가운데, 우리 남매는 서로의 손을 잡고 입상을 다짐했다. 사생대회에 필요한 도구는 물감과 도화지였다. 하지만 집에는 물감이 하나뿐이었다. 나는 동생에게 먼저 그림을 그리라 했고 나는 공원 한쪽에 자리를 잡고 그림을 그렸다. 그렇게 한참을 집중하고 있던 중 맑던 하늘에서 갑자기 소나기가 쏟아졌다. 순간 동생이 걱정되어 자리를 박차고 달려갔지만 동생은 보이지 않았다. 이름을 부르며 공원을 헤맸지만, 아무 대답도 들을 수 없었다.

가슴은 쿵쿵 뛰고 눈물이 주르르 흘러내렸다. 결국 알게 된 건 비가 내리자 선생님이 아이들을 인근 건물로 데려갔다는 사실이었다. 그날 나는 그림이 다 젖었고 동생은 그림을 그릴 기회조차 얻지 못했다. 화가의 꿈을 키우던 동생에게 그날은 씻을 수 없는 아쉬움으로 남았다.

그날 이후로 사생대회는 내게 단순한 그림 그리기 행사가 아니게 되었다. 그림도구 하나, 손잡아 줄 어른 하나 없이 나섰던 그날의 남매는 결국 우산 하나 없이 비를 맞으며 돌아섰다. 어쩌면 그때부터였던 것 같다. 나는 세상의 출발선이 모두 같지 않다는 것을 느낀 것이 요즘의 사생대회는 조금 달라졌다.

크레파스나 물감을 제공하는 곳도 많다고 들었다. 만약 그때도 그랬더라면 동생은 마음껏 그림을 그리고 어린 시절의 꿈을 조금은 이어갈 수 있었을 것이다. 그래서 나는 아이들의 출발선이 부모가 가진 것에 따라 달라지는 현실이 늘 안타깝다. 남들처럼 평범하게 시작조차 하지 못했던 과거가 있었기에 공정한 기회의 소중함을 절실히 안다.

세상은 종종 공평하다고 말하지만 사실 출발선부터 다르다. 부유한 집 아이들은 넉넉한 지원 속에 시작하지만 누군가는 도화지조차 준비하기 어려운 현실에 놓여 있다. 아무리 달려도 따라잡을 수 없는 거리 그것이 가장 마음 아픈 현실이다. 이제야 고등학교까지 무상교육을 하고 교육 격차를 줄이기 위한 여러 정책들이 시행되고 있다. 사소해 보일 수 있는 변화지만 나는 그 시작을 반긴다. 모두가 같은 출발선에서 시작할 수 있는 사회 그것은 누군가의 그림 한 장 작은 꿈 하나를 지켜줄 수 있는 중요한 변화다.

그날의 사생대회 두 남매는 우산도 여유도 없이 비를 맞았다. 서로를 의지하며 걸어온 그 시간은 비록 입상도 그림도 남기지 못했지만 마음 깊은 곳에 아직도 선명히 남아 있다.

그리고 오늘 나는 그날을 떠올리며 다시 그림을 그린다. 그때 완성하지 못한 동생의 그림 공정한 기회와 평등한 출발선이란 이름의 작은 소망을 담아 조심스럽게 색을 칠해본다. 물감은 이제 충분하다. 다만 그 시절 잃어버린 꿈의 조각들이 아프게 그리울 뿐이다.

# 용기

우리는 살아가면서 수없이 많은 선택의 순간을 마주하고 용기를 시험받는다. 그 용기는 단순히 정신적인 것이 아니라 우리 몸도 함께 느끼고 경험하는 것이라는 생각이 든다. 내가 용기를 가질 때 우리 몸도 용기를 가진다는 말은 바로 그 핵심을 잘 담고 있다.

어린 시절 나는 자주 아팠다. 병원은 늘 두려운 장소였고 주사는 공포의 대상이었다. 병원 앞에 서면 괜스레 눈물이 났고 부모님의 손을 꼭 쥐어야만 겨우 문을 들어설 수 있었다. 그때마다 부모님은 내 손을 꼭 잡고 용기를 내야지라고 말씀하셨다. 그 말은 마치 나를 위한 주문 같았다. 신기하게도 용기를 내야지 하고 마음먹으면 두려움으로 얼어붙었던 몸이 조금씩 풀리는 걸 느꼈다. 손끝이 따뜻해지고 심장의 박동이 안정되며 어깨가 천천히 내려앉았다. 마음이 용기를 내면 몸도 따라준다는 것을 그때 처음으로 알았다.

시간이 흐르며 용기를 필요로 하는 순간들은 더 복잡해졌다. 처음 여자 친구에게 고백할 때 대학 입시를 앞두었을 때 첫 직장 면접에서 자리에 앉았을 때 발표를 앞두고 마이크를 잡았을 때 그 모든 순간에 나는 다시 용기라는 주문을 꺼내 들었다. 두려움에 숨이 막힐 듯했던 마음을 다잡고 심호흡을 하며 내 몸을 안정시키려 애썼다. 그리고 놀랍게도 그럴 때마다 몸이 그에 반응했다. 식은땀이 멎고 마른 입술에 침이 돌고 주먹을 꼭 쥐었던 손가락이 하나씩 펴지기 시작했다.

이런 경험을 반복하면서 나는 점점 확신하게 되었다. 용기란 단지 마음의 문제가 아니라는 것을 그것은 마음과 몸이 함께 만들어내는 반응이고 과정이다. 마음이 먼저 결심하고 몸이 그 결심에 응답한다. 두려움은 심장을 뛰게 하고 손발을 떨게 하지만 용기는 그 반대다. 심장을 가라앉히고 몸을 편안하게 만든다. 마음과 몸이 서로를 다독이며 그 순간을 함께 이겨내는 것이다.

어느 날 중요한 발표를 앞두고 나는 유난히 긴장됐다. 수십 명의 시선 앞에 서는 일이 버겁게 느껴졌고 나도 모르게 손끝이 차가워졌다. 그러나 나는 다시 용기를 내보기로 했다. 천천히 깊게 숨을 들이쉬었다. 괜찮아 할 수 있어 마음속으로 말하자 몸도 함께 반응했다. 떨리던 다리가 멈추고 시선이 또렷해졌다. 발표를 시작하자 놀랍도록 자연스러웠고 준비한 말을 차분히 이어갈 수 있었다.

그 발표가 끝났을 때 나는 진심으로 느꼈다. 내가 용기를 냈을 때 내 몸도 그 용기를 함께 내주었다는 것을 이후로 어떤 더려움이 닥쳐올 때에도 나는 마음만 다잡는 것이 아니라 몸도 함께 준비시키려 노력했다. 그리고 매번 그 작은 의식이 놀라운 힘을 발휘했다. 두려움 속에서도 움직일 수 있었고 불안 속에서도 말할 수 있었다. 몸이 마음의 결정을 응원하고 지지해주는 것처럼 느껴졌다.

우리는 종종 마음과 몸을 별개로 여긴다. 마음이 먼저고 몸은 그저 따라오는 존재라고 생각한다. 하지만 실제로는 이 둘은 떼려야 뗄 수 없는 관계다. 마음이 불안하면 몸이 먼저 반응한다. 심장이 빨라지고 손에 땀이 나고 숨이 가빠진다. 반대로 몸을 안정시키면 마음도 함께 진정된다. 그래서 용기를 낼 때 마음과 몸은 동시에 작용해야 한다. 인생은 끊임없는 도전의 연속이다. 학업의 부담 직장의 과제 인간관계의 마찰 새로운 환경에 적응하는 일까지 이 모든 순간에 우리는 용기를 필요로 한다. 그러나 용기란 거창한 것이 아니다. 그것은 괜찮아 해보자라고 말하는 마음과 그래 함께하자 라고 응답하는 몸이 하나 되어 나아가는 작은 움직임이다.

나는 이제 안다. 용기를 낼 때 가장 먼저 반응하는 것은 마음이지만 그 다음에 나를 지탱해주는 것은 몸이라는 것을 마음이 흔들려도 몸이 단단하면 버틸 수 있고 몸이 지쳐도 마음이 굳건하면 다시 일어설 수 있다. 진정한 용기란 이 둘이 함께 걸어가는 길 위에서 만들어진다.

앞으로도 삶은 수많은 선택과 도전으로 나를 시험할 것이다. 두려움은 언제나 존재하겠지만 내가 용기를 내면 내 몸도 그 용기를 받아들이고 함께할 것이라는 것을 마음과 몸이 하나 되어 나아갈 때 우리는 어떤 어려움도 이겨낼 수 있다. 지금 이 글을 읽는 당신도 마찬가지다. 작고 사소한 두려움 앞에서도 큰 인생의 기로 앞에서도 당신의 몸과 마음은 함께 용기를 낼 준비가 되어 있다.

용기란 그런 것이다. 마음이 먼저 나아가고 몸이 따라가며 결국 나 자신이 온전히 그 한 걸음을 내딛는 것 나는 오늘도 그 한 걸음을 내딛는다. 나의 몸과 마음이 함께 용기를 내며.

# 은빛 햇살 아래

문득 그런 생각이 들었다. 나이가 들고 삶이 한결 느긋해졌을 때 그때도 당신과 함께 살아보고 싶다고 지금보다 조금 더 느리게 조금 더 자주 눈을 마주치며 한 박자 늦게 웃는 그런 삶 특별하지 않아도 좋은 하루하루를 당신과 함께 보내고 싶다.

그저 평범한 날들 아무 일도 특별하지 않은 시간 속에서 당신과 아주 조용하고 따뜻하게 살아가고 싶다. 가능하다면 우리가 함께 머무는 집엔 향기 있는 꽃밭이 있었으면 좋겠다. 계절마다 다른 빛깔로 피어나는 꽃들 사이로 바람이 스쳐 갈 때 우리는 나란히 앉아 그 움직임을 느끼며 웃을 것이다.

조금만 걸어 나가면 숲이 있었으면 한다. 새소리가 가득한 아침 숲길 그 곁으로 졸졸 흐르는 개울물 소리까지 들릴 수 있다면 더 바랄 게 없겠다. 나는 여전히 아침잠이 없을 테고 당신은 예나 지금이나 잠이 많을 것이다. 그럼 나는 조용히 당신의 볼을 간지럽게 깨워야지 아직 안개가 걷히지 않은 아침 길 풀잎마다 맺힌 이슬을 담을 작은 병 하나 챙겨서 산책을 나가자고 나지막이 속삭일 것이다. 삐걱대는 허리를 쭉 펴 보이며 하나 둘 하고 당신에게 체조를 시킬 거다. 당신은 투덜대겠지만 결국 따라 하겠지 그리고 그 모습이 귀여워 나는 웃음이 날 것이다.

조금씩 햇살이 퍼지기 시작하겠지 우리의 얇아진 머리칼 위로 은빛 빛이 반짝일 때 나는 당신의 이마에 오래도록 입맞춤하고 싶다. 누가 보아도 부끄럽지 않은 입맞춤 오히려 그런 사랑이 그런 애정이 더 정겹고 예쁘다고 말해주는 사람들이 곁에 있다면 더 좋겠다. 아침 식사는 아주 부드럽고 따뜻한 죽으로 준비할 거다. 쇠고기를 꼭꼭 다져넣고 파릇한 야채를 띄운 야채 죽을 끓여서 깔깔한 입 안에도 솜사탕처럼 스며들게 할 거다. 그리고 아주 은은하게 모차르트를 틀어 놓고 연한 헤이즐럿 커피를 내려 꽃무늬 찻잔 두 개에 담자.

커피 향 가득한 그 아침, 잉크 냄새 나는 신문을 펼치고 안경 너머로 당신의 눈빛을 읽을 것이다. 그렇게 눈을 감고 당신에게 다가가야지 서툴지 않게 당신의 코와 맞닿을 수 있게 마치 강아지처럼 당신에게 얼굴을 부비며 사랑을 전해야지 늘 마음속에만 간직했던 그 사랑을 이제는 겉으로도 마음껏 보여줄 거야 그래 그렇게 살아보고 싶었거든 해가 점점 높이 오르고 창문 깊숙이 스며들던 햇살이 물러갈 즈음 나는 당신의 무릎을 베고 오래오래 낮잠도 자야지. 그때는 아이처럼 자장가도 부탁할 거야 이제는 당신이 나를 달래줘야 해 당신의 굽은 등에 기대어 그동안 애써 삼켰던 마음들을 조용히 흘려보내고 싶다. 사진을 한 장 찍자 그 사진은 창가에 걸어두자.

아침마다 그 사진을 보며 우리가 참 잘 살아 왔다고 미소 지을 수 있도록 그것이야말로 내가 꿈꾸는 당신과의 가장 평화로운 노년의 모습이다. 욕먹지 않게 잘 살아온 노년의 노부부의 아름다운 모습으로 그렇게 살아야 이 모든 것이 가능하겠지.

나 늙으면 당신과 꼭 그렇게 살아보고 싶다. 지금은 말하지 못했던 모든 마음들을 그때는 부디 전할 수 있고 그렇게 말하며 조용히 눈을 감겠지.

# 잘 듣는 것

요즘 아이들에게 경청에 대해 가르치고 있다. 경청이라고 하면 단순히 다른 사람의 말을 잘 듣는 것이라고 생각할 수 있지만 그것은 오해일 수 있다. 진정한 경청은 말하는 상대방의 눈을 바라보며 그 사람의 말을 전심으로 듣고 그 말이 내게 어떤 의미를 주는지 생각하며 행동으로 이어지는 것이다.

경청은 단순히 듣는 행위를 넘어 그 사람의 말에서 지혜를 얻고 그 지혜를 내 삶에 반영하는 것이다. 많은 사람들이 자신은 다른 사람의 말을 잘 듣는다고 주장하지만 실제로 그들은 건성으로 듣거나 듣는 것처럼 보이지만 본질적으로는 다른 생각을 하고 있는 경우가 많다.

경청은 마치 두 사람 이상이 서로 소통하는 중요한 과정과 같다. 요즘 우리 사회에서 가장 큰 관심 중 하나가 바로 소통이다. 소통은 내 뜻을 상대방이 잘 들어주는 것뿐만 아니라 내가 상대방의 뜻도 제대로 이해하고 받아들이는 과정을 포함한다.

두 사람이 언어나 비언어적인 방법으로 서로의 생각을 교환하고, 상대방을 존중하는 흐름이 이루어질 때 비로소 소통이 성립된다. 나에게 있어 대화와 소통은 다르다. 대화는 단순히 말하는 것이지만 소통은 그 말을 넘어 서로의 가슴과 마음으로 전해지는 이해의 흐름이다.

그렇다면 우리는 왜 많은 경우 소통을 잘 하지 못하는 걸까? 대화는 쉽게 이루어지지만 진정한 소통은 쉽지 않다. 대화를 하면서도 내가 말하고 싶은 것만 말하는 사람들이 많다. 이들은 상대방의 말을 건성으로 듣고 자신이 듣고 싶은 것만 선택적으로 듣는다. 이런 사람들은 상대방의 의견에 대한 이해나 존중이 부족하다. 오히려 그들은 자신만의 가치관을 고수하며 그것에 맞는 말들만을 주고받고자 한다.

이런 태도는 소통을 방해하는 주요 원인이다. 진정한 소통은 상대방을 존중하고 그 사람의 배경 가치관 삶의 방식까지도 이해하려는 노력에서 시작된다.

경청의 본질은 바로 듣는 것이다. 내가 상대방의 말을 진심으로 듣고 그들의 생각과 감정을 제대로 이해하려는 노력이 있어야 한다. 단지 말로만 듣는 것이 아니라 눈을 맞추고 그 사람의 말 속에 담긴 의미를 파악하려는 태도가 필요하다.

우리는 종종 대화 중에 상대방의 말을 끝까지 듣지 않고 그 말이 끝나기도 전에 자신의 생각을 말하거나 자신의 의견을 표현하려 한다. 이렇게 되면 대화는 깊이를 잃고, 진정한 소통은 이루어지지 않는다. 내가 상대방의 말을 충분히 듣고, 그 말 속에서 의미를 찾으려 할 때 비로소 상호 이해와 공감이 이루어진다.

소통을 잘하려면 내가 상대방의 말을 제대로 이해하고 그에 대해 적절히 반응하는 능력이 중요하다. 경청을 통해 상대방의 마음을 파악하고 그 마음에 맞는 반응을 보이는 것이 소통의 핵심이다. 만약 내가 상대방의 말을 정확히 듣지 않고 지나친 오해를 한다면 소통은 깨지고 그로 인해 갈등이나 불화가 생길 수 있다.

예를 들어 누군가 내게 부탁을 하거나 자신의 고민을 말할 때, 그 사람은 내가 어떤 반응을 보일지를 기대하고 있다. 이때 나는 그 사람의 마음을 이해하고 그에 맞는 긍정적인 반응을 보임으로써 그 사람을 격려하고 지지할 수 있다. 반면 내 뜻을 전달할 때도 마찬가지로 솔직하고 정확하게 표현하는 것이 중요하다. 내가 무엇을 말하고자 하는지 명확하게 전달해야만 오해를 피할 수 있기 때문이다.

경청은 단지 상대방의 말을 듣는 것이 아니라, 그 말 속에 담긴 감정과 의미를 이해하고 그것을 바탕으로 적절한 반응을 하는 것이다. 이는 내가 말하는 상대방에 대해 얼마나 신경을 쓰고 그 사람의 입장을 얼마나 존중하는지를 나타낸다. 대화 중에 그래 그래라는 식의 동조만을 하는 것은 진정한 경청이 아니다. 이는 상대방을 진심으로 이해하려는 마음이 아니라 그저 그 대화를 흘려보내는 것이기 때문이다.

경청의 태도를 잘 갖추면 그 사람과의 관계가 깊어지고 상호 간에 신뢰와 공감이 쌓인다. 내 말이 상대방에게 제대로 전달되려면 내가 그 사람을 존중하고 그 사람의 말을 진지하게 듣는 것이 우선되어야 한다. 나는 이 사실을 일상에서 자주 느낀다. 최근에 많은 사람들과 대화를 나누며 내가 건성으로 듣고 있다는 아쉬움을 느꼈고 그로 인해 소통이 부족하다는 것을 알게 되었다. 우리가 대화를 나눌 때 상대방의 의견을 얼마나 깊이 들을 수 있느냐가 관계의 깊이를 결정짓는다. 내가 상대방의 의견을 진지하게 듣고 그 사람의 입장을 이해하려는 마음을 가지면 그 사람도 나에게 마음을 열게 될 것이다.

그렇다면 나는 어떻게 경청하는 사람으로 살아갈 수 있을까? 우선 나는 내 생각을 잠시 내려놓고 상대방의 말을 온전히 듣는 훈련이 필요하다. 특히 가족이나 직장 내에서 내가 먼저 경청하는 태도를 취해야 한다. 내 생각에 맞지 않거나 불편한 이야기일지라도 상대방의 말을 끝까지 듣고 그 사람의 입장에서 생각하려는 노력이 중요하다. 이는 내가 진정으로 사람을 존중하고 이해하는 태도를 기르는 데 도움이 된다.

내가 잘 듣는 사람이 되어야겠다는 다짐은 단순히 좋은 사람이라는 평을 받기 위한 것이 아니다. 경청은 상대방을 깊이 이해하고, 그들과의 관계를 더욱 돈독히 만들 수 있는 방법이다. 또한 내가 더 나은 인간관계를 만들어가고 사회 속에서 건강한 소통을 이끌어 나갈 수 있는 밑거름이 될 것이다.

나 자신에게 경청의 태도를 훈련시키고, 내 삶에서 실천함으로써 진정한 소통을 이루는 사람이 되어야겠다.

# 중랑천

오랜만에 기다리던 장미 축제가 열렸다. 중랑천을 따라 펼쳐진 꽃길에는 형형색색의 장미들이 활짝 피어 축제를 알리고 있었다. 붉은 장미 노란 장미 분홍빛 덩굴장미가 화려하게 피어 있는 그 길을 나는 아내와 아들 딸 내외 그리고 손주와 함께 걸었다.

아내는 시각장애인이다. 눈으로는 볼 수 없지만 나는 아내가 장미를 느끼고 즐길 수 있도록 돕고 싶었다. 눈 대신 마음과 손끝 그리고 후각으로도 충분히 꽃을 느낄 수 있으리라 생각했다.

축제장에 들어서자 눈앞에는 그야말로 장미의 세상이 펼쳐졌다. 온갖 빛깔의 장미들이 어우러져 하나의 그림처럼 피어 있었고 그 광경에 사람들의 감탄이 이어졌다. 나는 순간적으로 마음이 아렸다. 이런 아름다움을 아내는 볼 수 없다는 사실이 안타까웠다. 하지만 곧 생각을 바꿨다. 아내도 이 축제를 충분히 즐길 수 있다는 믿음으로 여보, 여기 장미향 좀 맡아봐 나는 조심스럽게 아내의 손을 잡고 꽃 가까이 다가갔다.

아내는 코를 장미에 바짝 가져다대고 숨을 깊이 들이마셨다. 이윽고 아내의 입가에 미소가 번졌다. 참 좋은 향기네 얘는 진하고 이 꽃은 은

은하고 이건 풀 냄새 같기도 하고 이건 향이 안 나네. 아내는 웃으며 장미향을 하나하나 구분했다. 나는 아내의 말에 마음이 따뜻해졌다. 아내의 얼굴에 맑은 기쁨이 떠오르는 것을 보며 이게 바로 꽃을 본다는 것이구나 싶었다.

시간이 흐르면서 한 가지 아쉬움도 생겼다. 생각보다 많은 장미가 향기를 품고 있지 않았다. 화려한 외형은 넘쳐났지만 향기를 간직한 꽃은 손에 꼽을 정도였다. 그럼에도 아내는 꽃잎을 만져보고, 손끝에 전해지는 감촉과 은은한 향을 통해 충분한 기쁨을 느끼는 듯했다.

손주는 장미 사이를 뛰어다니며 천진난만하게 웃었다. 그 웃음소리에 아내의 얼굴도 더욱 환해졌다. 꽃길을 걷는 시간 내내 아내는 손주의 손을 잡고 내가 이끄는 손에 의지하며 천천히 길을 걸었다. 우리 가족은 그렇게 장미 속에서 각자의 방식으로 행복을 누리고 있었다. 중랑천의 장미 축제는 올해도 어김없이 열렸지만 이번에는 조금 다른 감정으로 그 자리에 서 있었다. 단지 꽃을 보러 가는 축제가 아니라 느끼는 축제였다. 아내는 보지 못해도 향기로 느꼈고 손주는 만지고 웃으며 뛰어놀았으며 나는 그 모든 것을 지켜보며 함께하는 기쁨이라는 더 큰 감동을 느꼈다.

나는 그날을 계기로 다시 한 번 깨달았다. 장애가 있더라도 삶의 기쁨은 여전히 존재하며 그것은 누군가의 작은 배려와 노력만으로도 충분히 전해질 수 있다는 사실을 시각장애를 가진 아내가 꽃을 보고 향기를 느끼고 손주의 웃음소리를 '듣고 내 손을 잡고 걷는 그 모든 순간이 축제였다.

우리 사회는 모든 사람이 행복을 누릴 수 있는 곳이어야 한다. 장애가 있다는 이유로 문화와 여가에서 소외되어서는 안 된다. 단순히 장애인을 돕는 차원을 넘어 함께 살아가는 존재로 인식하며 실질적인 복지와 지원이 확대되어야 한다. 특히 장애인도 문화와 여가를 즐길 수 있는 기회를 가지게 된다면 어제의 우리처럼 누구나 따뜻한 추억을 가슴에 품을 수 있을 것이다.

어제의 장미 축제는 우리 가족에게 오랫동안 기억될 특별한 하루였다. 수많은 장미꽃 중 향기 나는 꽃은 적었지만 아내의 웃음과 손주의 환한 얼굴 그 사이를 천천히 걸으며 함께한 시간은 진정한 행복이었다. 장애는 삶의 일부일 뿐 결핍이 아니다. 단지 방식이 다를 뿐 즐거움과 감동을 느끼는 능력은 우리 모두에게 있다.

나는 이 경험을 통해 많은 이들에게 말하고 싶다. 밖으로 나와 보자고. 느끼고 맡고 듣고 만지며 세상을 함께 걸어가자고 이 작은 장미 축제가 누군가에게는 한 계절의 기쁨이지만 또 누군가에게는 삶의 가능성을 여는 문이 될 수도 있다. 향기 없는 장미가 많았지만 아내와 손주의 웃음이 그 자리를 채웠다. 그 웃음이야말로 내가 이 세상에서 가장 사랑하는 향기이다.

# 잊고 있는 것

살다 보면 문득 싫증을 느끼는 순간이 찾아온다. 처음엔 그렇게 소중하게 느껴졌던 것들이 어느새 아무런 감흥도 주지 않게 되는 것이다. 그 이유는 간단하다. 그것들이 우리에게 부족해서가 아니라, 처음의 소중했던 감정들을 너무 쉽게 잊어버리기 때문이다.

나는 지금 다니는 회사에 처음 입사했을 때의 설렘을 아직도 기억하고 있다. 낯선 환경 새로운 사람들 아직 익숙하지 않은 업무들 속에서 나만의 꿈을 펼칠 수 있다는 기대감은 내게 큰 기쁨과 동기를 안겨주었다. 매일 아침이 설렘으로 시작되었고 그 하루하루가 새로웠다. 그러나 시간이 지나면서 점점 그 설렘은 희미해졌고 반복되는 일상과 쌓여가는 피로 속에서 나는 그 소중한 느낌을 잊어버리기 시작했다.

그러던 어느 날 지친 일상 속에서 문득 스스로에게 물었다. 내가 왜 이 회사를 선택했었지? 처음에는 왜 그렇게 열심히 했었을까 질문을 곱씹으며 과거를 돌아보자 잊고 있었던 소중한 기억들이 하나둘 떠올랐다. 그때의 열정 긴장감 그리고 작은 성취에 느꼈던 기쁨들이 다시금 마음 깊은 곳에서 피어올랐다. 그리 어려운 일이 아니었다. 내 마음속 어딘가에는 여전히 그 감정들이 살아 있었기 때문이다.

가장 소중한 것은 우리가 알지 못하는 사이에 가까이 있다. 이 문장은 행복이란 누군가가 만들어주는 것도 멀리서 찾아야 하는 것도 아니라는 사실을 일깨워준다. 우리는 늘 더 나은 것을 바라지만 정작 중요한 것은 늘 가까이에 있다. 회사에서 동료들과 나눈 짧은 웃음 프로젝트를 마치고 느꼈던 성취감 상사의 칭찬 한마디 커피 한 잔 건네며 나눴던 대화 속에 행복은 존재해 있었다.

나는 이제야 깨닫는다. 그 소중한 느낌을 다시 얻기 위해선 먼저 내가 마음을 여는 노력이 필요하다는 것을. 내가 먼저 그 마음을 다시 떠올리고, 되살려야 한다는 것을 그렇게 마음의 눈을 뜨고 주위를 돌아보면 내가 놓치고 있었던 감사와 감동의 순간들이 다시 눈에 들어오기 시작한다. 처음의 그 설렘, 따뜻한 감정, 작지만 분명했던 기쁨들이 여전히 내 곁에 있다는 사실을 우리는 때때로 잊지 못할 추억을 만들어 준 사람들에게 뒤늦은 감사를 전하곤 한다.

하지만 감사의 마음은 그때그때 표현되어야 한다. 가까운 사람들에게 따뜻한 말 한마디를 건네는 것 함께 있는 동료에게 고맙다고 말하는 것이 얼마나 중요한 일인지 이제야 진심으로 느낀다. 그런 작은 행동들이 모여 우리의 관계를 단단하게 만들고 일상을 조금 더 따뜻하게 물들인다.

내가 지금 이 일을 하고 있는 이유, 왜 이 자리를 선택했는지에 대한 답은 결국 내 안에 있었다. 잊고 있었을 뿐 그때의 나는 분명 이 일을 사랑했고 이 일에 기대를 품었으며 나의 열정을 믿고 있었다. 나는 그때의 나를 다시 떠올리며 다짐한다. 그 소중한 마음을 잊지 않겠다고, 이제 나는 매일 아침 새로운 마음으로 하루를 시작해보려 한다.

내게 주어진 일을 소중히 여기고 함께하는 사람들에게 더 많은 관심과 따뜻함을 나누려 한다. 그리고 그 작은 다짐들이 쌓여 나를 조금 더 성숙한 사람으로 만들어줄 것이라 믿는다. 반복되는 일상 속에서도 나는 매일 나만의 의미를 찾아가며 살아갈 것이다. 지금 이 순간 나는 눈을 새롭게 뜨고 주위를 돌아본다. 그리고 깨닫는다. 소중한 것들은 언제나 가까이 있었다는 것을 처음의 그 느낌을 떠올리며 나는 다시 미소 짓는다. 그렇게 오늘을 살아가는 것이다. 이것이야말로 삶을 풍요롭게 만들고, 사람과 사람 사이를 더욱 단단하게 연결해주는 진짜 힘이다.

감사의 마음 따뜻한 말 한마디 나 자신에 대한 다짐 이 모든 것들이 모여 나는 오늘도 조금 더 행복한 삶을 향해 나아간다. 그리고 나는 안다. 이 소소한 순간들이 결국 나를 더욱 단단하게 하고 내가 바라는 삶으로 이끌어 줄 것이라는 것을 소중했던 마음을 잊지 않고 살아가는 것이야말로 진정 행복한 삶의 시작이라는 것을 안다.

# 콤플렉스

천진난만한 개구쟁이 우리 반 여자아이가 울었다. 새로 올라온 학적부를 보다가 부모 연락처 란이 비어 있어 왜 전화번호를 안 썼니? 라고 아무 생각 없이 물었는데 아이는 초등학교 2학년 때 부모님이 돌아가셨다며 갑자기 눈물을 터뜨렸다. 나는 그 순간, 당황과 미안함에 입을 다물 수밖에 없었다.

얼마나 미안했던지 아이의 울음을 달래며 함께 앉아 한참을 이야기했다. 지금껏 누군가에게 사적인 질문을 조심해왔고 특히 개인적인 상처가 될 수 있는 말은 더욱 삼가며 지내왔다. 그런데 왜 오늘은 그렇게 무심히 물었을까 나 자신에게도 낯설고 당혹스러운 순간이었다.

그날 집에 돌아와 아이의 눈물과 내 질문이 머릿속에서 떠나지 않았다. 단순히 물었을 뿐인데 그것이 그렇게 큰 상처였을까 처음에는 쉽게 이해되지 않았다. 나 역시 얼마 전 부모님을 잃었지만 그 감정을 그저 묵묵히 안고 살아왔다. 슬픔은 있었지만 울지 않았다. 감정은 스스로 조절하는 것이라 믿었고 그렇게 해야만 하는 줄 알았다. 그러나 어쩌면 나는 울지 않았던 것이 아니라, 울 수 없었던 것은 아니었을까

그즈음 우연히 읽게 된 일본의 정신의학자 쇼마 모리타의 글은 내

생각을 조금씩 흔들어 놓았다. 그는 인간의 마음을 흐르는 물에 비유하며 감정은 날씨처럼 생겨났다 사라지는 것이기에 굳이 문제 삼거나 집착할 필요가 없다고 했다. 내가 왜 이렇게 우울하지라는 질문 자체가 오히려 불필요하다는 것이다. 감정은 흘러가는 것이고 흘러가게 두는 것이 자연스럽다. 그런데 우리는 자꾸 감정을 분석하고 규정짓고 억누르려 한다. 그렇게 하다 보면, 오히려 피하고 싶은 감정에 사로잡히게 된다.

나는 그 글을 읽으며 아이의 울음과 나의 무반응이 동시에 떠올랐다. 감정을 흘려보내지 못하고 붙잡고만 있던 내가, 감정을 그대로 쏟아낸 아이 앞에서 왜 그렇게 당황했는지 알 것 같았다. 나 역시 흘러가지 못한 감정의 미로에 갇혀 있었던 것이다. 많은 사람들이 이처럼 억눌린 감정 속에서 길을 잃고 살아간다. 피하고 싶은 것을 더 집착하게 되고 감추려는 것을 더 자주 드러내게 된다.

이런 경험은 비단 감정에 국한된 것이 아니다. 우리는 살아가며 종종 그때 그 사람은 왜 그랬을까 라는 의문을 품는다. 그리고 평소 익숙했던 사람이 어느 순간 낯설게 느껴질 때가 있다. 얼굴 뒤의 얼굴을 마주하게 되는 그 당황스러움 그런데 그 낯설음은 타인에게서만 오는 것이 아니다. 나 자신에게서도 문득 낯선 면을 보게 될 때가 있다.

뜻하지 않은 행동이나 감정을 마주하며 나는 도대체 누구지라는 혼란에 빠지기도 한다. 심리학에서는 이를 투사라고 한다. 내가 싫어하는 타인의 모습 속에는 사실 나의 억눌린 모습이 반영되어 있다는 것이다.

이기적인 사람을 혐오하는 이타적인 사람은, 그 안에도 이기심이 억눌려 있을 수 있다. 말이 많고 경솔한 사람을 미워하는 조용한 사람도 자신의 실수를 감추려는 방어일 수 있다. 거짓말을 극도로 싫어하는 사람도 실은 자신의 거짓됨을 가장 두려워하고 있을지 모른다.

게슈탈트 심리학에서 말하는 모든 타인은 나를 비추는 거울이라는 말은 이런 심리의 본질을 정확히 짚어준다. 그렇다면 우리는 이 거울 앞에서 어떻게 서야 할까. 대부분의 사람들은 자신의 약점이나 콤플렉스를 감추기 위해 다른 장점을 개발하거나 성취로 덮으려 한다. 작은 고추가 맵다는 속담처럼 작은 체구라는 결점을 매운 맛으로 보완하는 것이다. 물론 이런 방식도 유효하다. 하지만 근본적인 해결은 나의 약점을 숨기지 않고 있는 그대로 직면하는 것이다.

콤플렉스를 극복하는 가장 건강한 방법은 내 안의 약점과 결핍까지도 인정하는 일이다. 사랑할 수 있다면 좋겠지만 사랑하지 못하더라도 받아들이는 것. 수치스럽게 여겼던 콤플렉스를 의식의 밖으로 밀어내지 않고 안으로 끌어안는 순간 인간은 더 깊고 풍부해진다. 그렇게 자기 자신을 인정하게 되면 자기 존중감이 생기고 진짜 자신감도 따라온다. 부족한 것을 감추기보다는 그 자체로 받아들이는 용기, 그것이 진짜 강함이다.

어린 나이에 부모를 잃은 그 아이의 눈물은 콤플렉스가 아니다. 그건 아픔이며 동시에 삶의 일부다. 상처는 삶의 결핍이 아니라 가능성이다. 나는 그 아이가 자신의 상처를 부끄러워하지 않고 오히려 그것을 통해 더 단단하고 밝은 사람으로 자라나길 진심으로 응원한다. 감정은 흐르게 두고 콤플렉스는 껴안아야 한다. 그렇게 우리 모두는 있는 그대로 충분히 아름답고 소중하다.

# 물망초

봄 코로나19로 인해 어디론가 떠나는 것이 조심스러웠다. 해마다 봄이 오면 사람들은 꽃구경을 나선다. 하지만 올해는 사회적 거리두기로 인해 꽃구경조차 마음대로 할 수 없었다. 꽃이 피어도 멀리서 바라볼 뿐 사람들이 모인 곳은 피해 다녀야 했기에 발길을 돌릴 수밖에 없었다. 그렇게 지나쳐온 꽃길 앞에서 나는 서운함을 느꼈다.

나는 어릴 때부터 꽃을 좋아했다. 이유를 묻는다면 늘 웃는 것 같은 모습과 예쁜 색 생김새 때문이라고 말하곤 했다. 특히 색깔에 유난히 민감했다. 옷을 고를 때도 분홍, 노랑, 파랑, 연두 같은 밝고 화사한 색들을 자연스럽게 선택했다. 고등학교 2학년 때 교복 자율화가 시작되었고 나는 내가 입은 옷이 다른 친구들과 사뭇 다르다는 걸 느꼈다. 대부분의 남학생들은 검정 흰색 같은 무채색 계열을 선호했지만 나는 그 속에서도 눈에 띄었다. 그때부터일까 밝은 색을 좋아하는 나 자신을 조금씩 의식하게 되었고 사람들의 시선을 신경 쓰게 되었다.

그래도 여전히 환하고 생기 있는 색을 좋아한다. 그래서 자연스레 꽃을 좋아하게 되었다. 꽃은 나에게 대리 만족을 안겨준다. 그 고운 색을 어떻게 만들어내는 걸까 볼수록 신비롭고 아름답다. 자연과 그런 자연을 만든 신에 대한 경외심이 든다. 계절마다 피어나는 꽃들이 다르고 똑같은 꽃이라 해도 모양이나 색감이 조금씩 다르다. 그래서 더 끌린다. 그 다름과 다양함이 주는 풍성함에 마음을 빼앗긴다.

꽃을 좋아하다 보니 진로도 그 방향으로 생각하게 되었다. 원예과에 진학했고 국가 자격증도 따며 준비했다. 하지만 현실의 벽은 높았고 결국 꽃을 직업으로 삼지는 못했다. 그래도 언젠가 기회가 된다면 작은 꽃집이라도 하며 살아보고 싶다는 꿈은 여전히 마음속에 있다.

어제 화원에 들렀다. 진한 파란색 같기도 하고 하늘색 같기도 한 오묘한 색의 꽃이 눈에 들어왔다. 보는 방향에 따라 색이 달라지는 그 꽃은 참 묘했다. 이름표를 보니 물망초라고 적혀 있었다. 어릴 때부터 들어왔던 나를 잊지 마세요라는 애틋한 꽃말을 지닌 꽃이다.

독일의 전설에 따르면 도나우 강 한가운데 있는 섬에서 자라는 이 꽃을 사랑하는 연인에게 주기 위해 한 청년이 강을 건넜다고 한다. 꽃을 꺾어 돌아오는 길 급류에 휘말린 그는 마지막 힘을 다해 꽃을 애인에게 던져주며 나를 잊지 말아요 라는 말을 남기고 사라졌다고 한다. 그 후 그녀는 그 꽃을 몸에 지니며 평생 그를 기억했다고 한다. 그래서 이 꽃의 이름은 물망초 꽃말은 나를 잊지 마세요가 되었다.

살아가다 보면 잊지 말아야 할 것들이 많다. 오랜 세월이 지나도 잊지 말자 이 말은 조선의 학자 추사 김정희가 제자 이상적에게 세한도를 그려주며 남긴 인장에도 새겨져 있다. 혹독한 유배지에서 추사는 외면하지 않고 자신을 챙겨준 이상적의 변함없는 마음에 깊은 감동을 느꼈고 그 마음을 잣나무와 소나무의 지조에 비유하며 한 폭의 그림으로 남겼다. 지금까지도 전해지는 그 마음은 힘든 시기일수록 지켜야 할 것이 무엇인지를 되새기게 한다.

꽃말을 떠올리며 문득 머릿속에 스쳐가는 또 하나의 기억이 있다.

2014년 4월 16일 세월 호 참사 476명의 승객 중 299명이 목숨을 잃고 아직도 5명이 실종 상태로 남아 있는 이 비극은 우리 모두의 가슴에 깊은 상처를 남겼다. 특히 그 배 안에는 제주도로 수학여행을 가던 안산 단원 고 2학년 학생 324명이 타고 있었다. 어린 생명들이 속수무책으로 떠난 그날 이후 시간은 수년을 넘겼지만 가족도 친구도 국민도 단 한순간도 그날을 잊지 못했다. 아니, 잊을 수가 없었다.

지금도 진실은 제대로 규명되지 않았고 사건은 정치적 논쟁 속에 소모되기도 한다. 그것이 더 가슴 아프다. 4·16 기억 저장소의 이지성 소장은 기억은 단지 조형물이나 공간만이 아니라 아이들이 남긴 웃음과 친구들 간의 우정 그리고 희망을 만들어가는 교육 안에 있다고 말했다.

단원고 후배들에게 생명의 소중함 인권 민주주의 그리고 희망을 전해달라고도 했다. 진실이 밝혀지고 모든 것이 제자리를 찾는 사회가 되어야만 이 참사를 진정으로 떠나보낼 수 있다. 그래야만 마음 편히 기억 속으로 내려놓을 수 있을 것이다. 화원을 나서며 나는 물망초 두개를 샀다. 귓가에 작은 목소리가 울렸다. 나를 잊지 마세요 그 말이 자꾸만 맴돌았다. 잊어서는 안 된다. 잊히게 두어서도 안 된다. 비극이 반복되지 않기 위해서라도 우리는 기억해야 한다.

조금만 더 이 아픔이 잊히지 않도록 조금만 더 우리가 서로를 잊지 않도록.

# 민들레꽃

봄이 오면 어김없이 들판에 고개를 내미는 민들레를 본다. 화려하지 않지만 소박한 아름다움으로 바람결에 흔들리는 그 꽃을 보면 마음 깊은 곳에서 어머니가 떠오른다. 아무도 주목하지 않지만 그 존재만으로도 위로가 되는 민들레처럼 어머니는 내 인생에서 가장 단단한 뿌리였다.

민들레는 돌 틈 사이 인적 드문 길가 척박한 흙 위에서도 꽃을 피운다. 누군가 보살펴 주지 않아도 스스로 살아간다. 비에 젖고 바람에 흔들려도 그 자리를 지키며 꿋꿋하게 피어난다. 그런 민들레를 볼 때마다 나는 어린 시절 우산 하나 달랑 들고 비닐을 덮어쓰고 장사하던 엄마의 모습을 떠올린다.

비 오는 날이면 더 많이 생각났다. 엄마는 젖은 손으로 괜찮다고 하셨고 손님이 없는 시간에도 그 자리를 떠나지 않으셨다. 그 자리는 곧 우리 가족의 생계였고 어머니의 사랑이었으며 어머니 자신이었다. 찬바람이 부는 겨울에도, 타는 듯한 여름 햇볕 아래에서도 어머니는 늘 그 자리에 계셨다.

그 모습은 민들레와 닮아 있었다. 보살핌을 받기보다는 돌보며 도와 달라 외치기보다는 감내하면서 나는 어릴 적 그런 어머니의 삶을 그저 그런 일상이라 여겼다. 어머니는 늘 그렇게 살아가는 분이고 세상은 원래 그런 줄 알았다. 하지만 내가 어른이 되고 부모가 되어 보니 알게 되었다. 어머니는 얼마나 외로우셨을까 얼마나 힘드셨을까 그런 시간을 누구에게도 내색하지 않은 채 견뎌왔다는 사실이 이제야 마음에 아프게 내려앉는다.

엄마의 손이 종종 떠오른다. 그 손은 계절마다 달랐다. 겨울이면 틀어지고 갈라졌고 여름이면 거칠게 그을려 있었다. 손등에 굳은살이 박이고 물집이 잡히기도 했지만 그 손으로 우리는 따뜻한 밥을 먹었고 포근한 잠을 잤다.

어머니는 늘 주는 사람이었다. 자신을 덜어내어 우리에게 채워주는 사람이었다. 어머니는 장미처럼 화려하지 않았다. 백합처럼 고귀하지도 않았다. 하지만 민들레처럼 소리 없이 피어나 강인하게 존재했던 사람이다. 한 송이 민들레가 들판을 가득 채우는 것처럼 엄마의 삶은 우리 가족을 감싸 안았다. 드러내지 않고 자랑하지 않고 다만 조용히 그 자리를 지켜왔다.

민들레는 꽃이 진 후에도 할 일이 남아 있다. 하얀 솜털 속에 씨앗을 품고 바람을 기다린다. 그리고 바람이 불면 묵묵히 조용히 그 씨앗을 날려 보낸다. 어디로 날아가든 어떤 땅에 떨어지든 이제는 그 씨앗이 자신의 몫을 해내야 한 다는걸 아는 듯이 어머니도 그러셨다. 자식을 품고 길러낸 후 묵묵히 우리를 세상으로 떠나보냈다.

“잘 먹고 잘 살아라.” 그 짧은 말 속에는 헤아릴 수 없는 걱정과 그리움 축복과 응원이 담겨 있었다. 자식을 보낸 뒤의 어머니는 어떤 마음이었을까 우리는 각자의 삶에 바쁘게 흘러가지만 어머니는 여전히 같은 자리에서 우리를 바라보며 살아가고 있진 않을까 외로워도 내색하지 않고 보고 싶어도 표현하지 못한 채 그 자리에 그대로 계시는 것은 아닐까 우리는 민들레를 흔하다고 말한다.

길가에 널린 꽃 밟혀도 피는 꽃이라며 그 가치를 쉽게 흘려보낸다. 그러나 그 흔한 민들레 한 송이도 피어나기까지는 수많은 날의 인내와 기다림이 필요하다. 어머니의 사랑도 마찬가지다. 익숙하다고 항상 곁에 있다고 너무도 쉽게 당연하게 여겼다. 그러나 그 사랑은 결코 가볍지 않았다.

이제 와서야 민들레꽃을 다시 본다. 그 안에 담긴 어머니의 삶 어머니의 인내 어머니의 사랑을 본다. 말없이 참고 견디며 우리를 지켜주던 존재 바람에도 꺾이지 않고 자신을 다 내어주는 꽃 그 민들레처럼 어머니는 내 마음 깊은 곳에 뿌리를 내리고 있다.

세월이 지나도 지워지지 않을 한 송이 꽃처럼 나는 오늘도 그 꽃을 바라보며 다짐한다. 어머니처럼 나도 누군가의 뿌리가 되자. 어머니가 내게 보여준 그 사랑을 이제는 내가 흘려보낼 수 있기를 바란다.

# 첫 경험

긴장과 설렘이 뒤섞인 마음으로 짐을 쌌다. 이것저것 챙기다 보니 가방은 어느새 터질 듯 부풀어 올랐다. 지퍼가 채워지지 않아 속살이 삐죽 튀어나왔다. 좀 더 큰 가방을 골랐어야 했다는 후회가 들었지만 이미 집을 나선 길이었다. 결국 몇 가지 옷가지는 차에 남겨둔 채 발걸음을 옮겼다.

도착한 곳은 성남시청 마치 유리로 만든 듯 투명한 외관을 지닌 청사는 사람들의 시선을 의식한 듯 살짝 몸을 가린 모습이었다. 처음으로 문인들과 함께하는 문학기행에 참가하게 된 나는 설렘과 긴장 속에 그 자리에 서 있었다. 평소 만나기 힘든 문인들과 동행한다는 사실만으로도 가슴이 벅찼고 그들에게서 많은 것을 배우게 되리라는 기대가 마음 한편을 가득 채우고 있었다.

들뜬 마음으로 버스에 올라 창가 자리에 앉았다. 창밖으로 스쳐 지나가는 풍경을 바라보며 생각에 잠겼다. 처음이라는 단어는 언제나 특별하다. 처음의 설렘 처음의 떨림 처음의 감동 그것은 우리가 무엇인가를 시작할 때 느끼는 가장 순수한 감정이 아닐까 처음 마주하는 얼굴들과 이미 본 적 있는 익숙한 얼굴들 속에 각자의 삶이 녹아 있고 그 삶들이

한 자리에 모여 하나의 이야기를 만들어갈 것이라는 생각에 마음이 따뜻해졌다.

버스는 어느새 경남 문학관에 도착해 있었다. 문학관 관장님의 안내로 문학관 곳곳을 돌아보며 이야기를 들었다. 경남 문학관은 1998년 경남 문인협회 회원들의 간절한 요청과 결의 그리고 경상남도의 지원과 문인들의 성금으로 장복산 아래 세워진 문학의 공간이다.

전시실 자료실 세미나실로 구성되어 있으며, 경남 출신 문인들의 문학 활동을 지원하고 그들의 작품과 자료를 정리·보관함으로써 청소년과 시민들에게 문예교육의 장을 제공하는 국내 최초의 도(道) 통합 문학관이라 했다.

관장님의 설명을 들으며 나는 문학이란 단순히 글을 쓰고 읽는 행위가 아니라 사람들의 영혼과 숨결을 느끼게 하는 행위임을 새삼 깨달았다. 문학관이 존재하는 이유는 단순한 기록 보관이 아니라 그 기록 속에서 사람들의 삶과 감정을 함께 호흡하게 하기 위해서일 것이다. 그러나 경제 논리와 효율성이라는 이름 아래 이런 공간들이 점점 사라지고 있는 현실이 안타깝기만 하다.

문학관을 나온 우리는 용마산 중턱에 자리한 산호근린공원으로 향했다. 이곳은 우리나라 최초로 시의 거리가 조성된 곳이라고 한다. 이광석 원로 시인의 안내로 우리는 공원에 세워진 수많은 시비 앞에 섰다. 그는 하나라도 더 알려주고자 열정적으로 설명을 이어갔다. 고향의 봄으로 잘 알려진 아동문학가 이원수의 노래비를 비롯해 이은상의 가고파, 김수돈 우수의 황제, 김용호의 오월이 오면, 천상병의 귀천 등 다양한 시인의 작품들이 시비로 새겨져 있었다. 시비에 새겨진 글을 하나하나 읽어 내려가다 보니 좋은 글은 시대를 넘어 오래도록 남는다는 사실을 절실히 느꼈다. 문득 나도 언젠가 이처럼 누군가의 가슴속에 오래 남는 글을 쓰고 싶다는 다짐이 마음속 깊이 솟아올랐다.

공원의 전망대에 오르니 멀리 마산의 도심이 한눈에 내려다보였다. 아파트 단지와 어시장 마창대교가 시야에 펼쳐졌고 그 풍경은 왠지 낯설면서도 따뜻하게 다가왔다. 그렇게 하루가 저물어가고 우리는 숙소로 향했다. 숙소에서는 경남 문인들이 마련한 저녁 식사 자리가 기다리고 있었다.

서로 소개를 나누고 이야기를 주고받으며 함께 밥을 먹었다. 밥을 같이 먹는다는 것은 단순한 식사가 아니라 마음을 나누는 일이다. 그들과 함께 식탁에 앉아있는 순간, 나는 우리가 같은 길을 걷고 있다는 각에 자연스럽게 가족 같은 정이 느껴졌다. 식사 후 자유 시간에는 다른 문인들과 이야기를 나눌 기회가 있었다. 그중 한 문인은 이제는 오롯이 글에만 집중하며 살고 싶다고 조용히 말했다. 그 말이 이상하게도 내 가슴을 찔렀다. 나는 과연 얼마나 진지하게 글을 써 왔나 나태했던 지난 시간들이 떠오르며 부끄러움이 밀려왔다.

나도 언젠가는 아니 지금부터라도 정말 온 힘을 다해 글을 써야겠다는 다짐이 절로 생겨났다. 살기 위해숨 쉬기 위해 내 존재를 증명하기 위해서라도 나는 써야 한다고 그렇게 마음을 굳게 먹었다. 그날 밤, 문인들과 늦은 시간까지 이야기꽃을 피우다가 깊은 잠에 빠졌다.

이튿날 아침 우리가 처음 방문한 곳은 돝 섬이었다. '돝'은 돼지를 뜻하는 옛말로 섬의 형상이 누운 돼지를 닮아 붙여진 이름이다. 섬에는 길을 따라 문인들의 시비가 자리하고 있었다. 정상에 다다르니 가고파 시비가 세워져 있었고 그 앞에는 이른 코스모스가 피어 있었다. 많은 이들이 시비 앞에서 사진을 찍으며 그 아름다움을 만끽했다.

이어진 파도소리 둘레길에서는 바람 소리 파도 소리 그리고 시의 울림이 하나가 되었다. 고려와 조선 시대 시인들이 월영대를 노래한 시비들이 오랜 시간을 넘어 우리를 맞이했다. 박원형, 김극기, 정지상, 서거정, 이황 등 이름만 들어도 묵직한 시인들의 숨결이 그곳에 살아 숨 쉬고 있었다.

기행의 마지막 장소는 창녕의 우포늪 광활한 자연 속에서 우리는 문학이 결국 자연과 사람을 잇는 매개체임을 느꼈다. 그렇게 1박 2일의 여정이 마무리되었다.

처음이라는 말은 늘 설렘과 두려움을 함께 가져온다. 시작이란 언제나 낯설고 어색하지만, 그 낯 설음 속에서 우리는 성장한다. 만약 두려움을 이유로 첫걸음을 내딛지 않는다면, 그 어떤 성취도 이룰 수 없다. 이번 문학기행은 나에게 있어 단순한 여행이 아니라 새로운 다짐과 열정을 안겨준 큰 수확이었다.

어둠이 내린 저녁 모든 기억들이 고요히 가라앉으며 새르운 그리움이 밀려온다. 첫 경험의 깊은 여운은 오래도록 내 마음속에 머물 것이다. 앞으로 글을 쓴다는 일에 있어 오늘의 다짐이 흔들리지 않기를 그리고 나 또한 누군가의 마음에 오래 남을 글을 쓰기를 기대해본다.

# 감사

오늘은 어머니의 건강검진을 받는 날이다. 창밖에 떠오르는 햇살은 어서 일어나라고 나를 재촉하고 그 속에서 새소리는 유난히 요란하다. 아버지는 늘 여기저기 아프시다 좋은 보약을 찾아 챙겨 드시는데 어머니는 평소 어디가 아프다는 말조차 잘 안 하셨다. 그런데 최근 들어 기운이 없고 소화가 잘 안 된다는 말씀을 하셔서 병원을 찾았고 얼마 전 검진을 받았음에도 다시 검사를 받게 되었다.

검진 결과 간 수치와 간염 수치가 높다 더 큰 병원에서 정밀검사를 해보라는 이야기를 들었다. 처음에는 뭔가 잘못된 것이겠거니 했다. 그러나 의사의 소견서를 들고 다시 검사를 받은 뒤 우리는 더 믿기 어려운 이야기를 들었다. 담관암 말기입니다. 길면 5개월 남았습니다.

설명을 듣는 순간 눈물이 샘처럼 솟구쳤다. 믿기지 않았다. 평생 남에게 피해 한 번 주지 않고 늘 남을 먼저 챙기며 살아오신 어머니가 왜 이런 병에 걸려야 하는지 받아들일 수 없었다. 마치 가슴을 세게 얻어맞은 듯 충격 체한 듯 답답한 숨결 아무리 해도 가슴이 내려앉지 않았다.

어떻게 이 사실을 어머니께 전해야 할까? 아무것도 모른 채 평소처럼 해야 할 일이 많다며 움직이시는 어머니 앞에서 나는 아무 말도 하지 못했다. 의사들의 의견은 연세와 병세를 고려해 수술보다는 편히 지내시도록 하는 것이 낫다는 것이었다. 네 명의 협진 의사 중 세 명이 수술을 권하지 않았다.

우리는 고민 끝에 어머니를 누나 집으로 모셨다. 그날 밤, 막내 여동생과 함께 어머니 곁에서 이런저런 이야기를 나누었다. 여동생이 조심스레 앞으로 1년 남짓 남았다고 하자, 어머니는 처음엔 억울하다고 하셨다. 이루지 못한 꿈 충분히 누리지 못한 삶에 대한 아쉬움이었을 것이다.

하지만 잠시 후 어머니는 담담히 말씀하셨다. 그래도 치료 잘 받아서 자식들과 조금이라도 더 함께하고 싶구나. 나는 속으로 신에게 물었다. 이게 정말 정당합니까? 평생 남에게 폐 끼치지 않고 성실하고 선하게 살아오신 분인데 왜 이런 고통을 주시는 겁니까?

그러자 마음속 어딘가에서 답이 들려오는 듯했다. 너희 자식들 때문에 애태우며 살아온 세월이 얼마나 많았는지 아느냐 이제는 무거운 짐을 내려놓고 천국에서 쉬게 하려는 것이다. 그 말에 더 이상 어떤 반문도 할 수 없었다.

며칠 후, 어머니와 함께 가족여행을 떠났다. 행선지는 산정호수와 비둘기 낭 폭포 힘든 몸이셨지만 함께한 여행이 무척 좋으셨던 모양이다. 차 뒷자리에 누워 이동하시며 피곤해하시기도 했지만 사진도 찍고 호수를 돌며 이야기를 나누었다. 그 날의 평온함과 따뜻함은 이전에 느껴보지 못한 특별한 행복이었다.

그러던 중 어머니께서 고향에 가고 싶다고 하셨다. 아마도 점점 더 힘들어지기 전에 마지막으로 사람들을 만나고 싶은 마음이셨을 것이다. 우리 삼남매는 3일간 휴가를 내고 어머니를 모시고 큰 이모, 작은 이모, 외삼촌 큰집을 차례로 방문하기로 했다.

어머니는 과일이랑 봉투에 돈을 챙겨서 집집마다 드리고 오자고 하셨다. 우리는 그 말씀을 따라 준비를 했다. 고향으로 향하는 길 어머니는 차 안에서도 봄꽃처럼 환한 웃음을 지으셨다. 가는 길 내내 여행 이야기로 웃음꽃을 피우고 돌아오는 길에는 어린 시절 이야기를 들려주셨다. 그렇게 소중한 시간을 보냈다.

오랜만에 가족과 함께한 시간은 참으로 따뜻했다. 바쁘다는 핑계로 시간이 없다는 이유로 그동안 함께하지 못했던 시간들 소소한 일상에서도 얼마나 큰 행복을 누릴 수 있는지를 새삼 느끼게 해준 여행이었다. 어머니의 병은 우리 가족에게 큰 아픔이자 슬픔이었지만 그 속에서 평안과 감사 가족의 소중함을 배울 수 있었다.문득 생각해본다. 만약 하루밖에 남지 않은 삶이라면 우리는 어떤 마음으로 하루를 살아갈까?

인생은 무한할 것처럼 느껴지지만 사실 우리 삶은 광대한 시간 속의 작은 점일 뿐이다. 많은 사람들은 자신이 영원히 살 것처럼 욕심을 부리며 살아간다. 하지만 사람은 언젠가는 죽는다. 그 기간이 길든 짧든 중요한 것은 그 시간 속에서 무엇을 느끼고 어떻게 살아가느냐는 것이다. 어머니의 병을 미리 알게 되었기에 우리는 짧은 시간이라도 준비할 수 있었다. 갑작스레 죽음을 맞이하는 사람들에 비해 그 남은 날들이 얼마나 소중한지를 깨달을 수 있었다. 어머니의 하루하루는 이제 더없이 귀한 시간으로 다가온다.

어머니는 아프시기 전에도 늘 남을 먼저 생각하셨다. 힘들게 폐지를 모으시던 모습이 떠오른다. 폐지를 팔 것도 아니었는데 이유를 묻자 폐지 모으는 할머니께 드리려고 모은다고 하셨다. 왜 그렇게 고생하느냐 물었을 때 어머니는 조금이라도 좋은 일 하면 너희들이 잘 될 것 같아서라고 하셨다. 그 말은 지금도 내 가슴에서 떠나지 않는다. 누구보다 착하고 따뜻했던 어머니. 그 마음을 닮은 사람이 되고 싶다.

그리고 그 따뜻함을 기억하며 감사하는 마음으로 살아가고 싶다.

# 혼자 살아가기

너 이제 고아가 되었다. 아버지 장례를 치르던 날 친구가 툭 던진 말이 마음에 남았다. 그때는 아무 말도 할 수 없었다. 눈앞의 슬픔과 정신없는 절차들 속에서 그 말의 의미를 곱씹을 겨를이 없었다. 하지만 시간이 지나자 그 말이 서서히 실감났다. 어머니 아버지의 아들이었는데 이제는 부모 두 분 모두 세상에 계시지 않다. 나는 더 이상 누구의 자식도 아닌 그저 나 혼자만 남은 사람이 되어 있었다.

가족이라는 울타리 속에서 살아온 우리는 혼자라는 개념이 익숙하지 않다. 그러나 세상은 변했다. 혼자 밥을 먹고 혼자 놀고 혼자 살아가는 것이 더 이상 낯설지 않은 시대다. 예전에는 혼자 밥 먹는 일이 어색하고 쓸쓸한 일로 여겨졌지만 이제는 함께 밥을 먹는 일이 오히려 특별한 일이 되었다. TV 속에서도 '나 혼자 산다' 같은 프로그램이 인기다.

유명 연예인들이 혼자 사는 모습을 보여주며 사람들의 공감을 얻는다. 혼밥 혼술 혼영 이제는 그런 단어들이 자연스럽다. 예전엔 외롭지 않아 묻던 사람들이 이제는 혼자 살아서 자유롭겠다며 부러워한다. 나 또한 그 말에 고개를 끄덕이는 자신을 발견할 때가 있다. 혼자 사는 데는 분명 장점이 있다. 밤늦게 게임을 해도 새벽에 라면을 끓여 먹어도 눈치 볼 일이 없다. 샤워 후 옷을 안 챙겨도 청소를 며칠 미뤄도 뭐라 할 사람도 없다. 늦게 귀가하거나 외박을 해도 누구에게 허락을 받을 필요가 없다. 모든 결정은 내 마음대로 할 수 있다. 모든 것이 자유롭다. 그러나 그 자유의 반대편에는 책임과 고독이 함께한다.

집에 불이 꺼져 있으면 내가 켜야 하고 밥이 없으면 내가 차려야 한다. 퇴근 후 맞이하는 집은 조용하고 어둡다. 누구 하나 '수고 했어'라고 말해주는 이 없이 텅 빈 공간에 들어서면 마음마저 허전해진다. 밥을 하며 반찬을 준비하는 일도 누군가를 위해서는 기꺼운 수고지만 혼자 먹기 위한 준비는 그저 귀찮은 일일 뿐이다. 그러다 보니 대충 끼니를 때우고 남은 음식이 아까워 억지로 먹으며 스스로에게 이게 무슨 삶인가 싶은 생각이 들기도 한다.

혼자라는 말은 자유로움을 안겨주는 동시에 외로움도 안긴다. 늦은 귀가에 잔소리하는 사람이 없다는 건 분명 편한 일이지만 시간이 지나면 나를 기다려주는 이 하나 없다는 사실이 슬프게 다가온다. 말벗이 없고 함께 웃을 사람도 없는 고요한 집은 어느 순간 마음을 시리게 만든다. 그래서 나는 혼자의 삶을 이해하고 존중하면서도 함께 살아가는 삶이 얼마나 소중한지를 절실히 깨닫게 된다. 누군가와 함께한다는 건 분명 불편함도 있고 때로는 갈등도 있지만 그 모든 것을 감싸고도 남을 만큼의 따뜻함과 위로가 있다.

나는 더 이상 부모님의 아들은 아니지만 지금은 한 여자의 남편이고 두 아이의 아버지다. 아버지를 여의고 공허함에 잠겨 있을 때에도 문을 열고 아빠 하고 달려오는 아이들의 웃음소리는 내 마음을 녹였다. 부엌에서 많이 피곤했지 하는 아내의 말 한마디는 지친 하루를 감싸주는 포근한 담요와 같았다. 가족은 내가 다시 일어설 수 있는 힘이다. 누군가의 온기가 있는 집 나를 기다리는 사람이 있는 집 그곳이 바로 가정이고 그 안에 있는 것이 사랑이다.

혼자 살아가는 것이 잘못된 것도 함께 살아가는 것이 정답인 것도 아니다. 인생의 방향은 각자 다르며 어떤 삶이든 그것을 책임지고 살아가는 자세가 중요하다. 다만 나는 지금 이 방식이 좋다. 누군가와 밥을 함께 먹고 웃으며 이야기를 나눌 수 있는 이 삶이 참으로 고맙다.

오늘도 나는 집으로 향한다. 아이들이 창문 너머로 손을 흔들고 따뜻한 저녁을 준비되어 있을 것이다. 나는 혼자가 아니다. 그리고 그 사실이 오늘도 내가 감사하며 살아가게 한다.

# 마음

장마철 창밖에 비가 내린다. 그 비가 내리면서 산을 감싸고 있던 안개는 점차 사라지고 시커먼 커튼이 천천히 드리워진다. 빗줄기 속에서 보이는 무지개를 따라가고 싶지만 가까이 다가갈 수 없는 꿈처럼 이루기 힘든 욕망이 떠오른다.

우리는 종종 그런 욕망을 가지고 살아가면서도 그 현실을 받아들이기 어려워한다. 비록 그 욕망이 이루어질 수 없음을 알지만 여전히 우리는 꿈을 쫓고 욕심을 가지며 살아간다. 그렇지만 하루하루를 감사하는 마음으로 살아가야겠다는 생각을 하며 집을 나선다.

오랜만에 지하철을 탔다. 평소에 자동차를 타고 다니던 나에게 지하철은 어색하고 불편했다. 걸어야 할 거리가 많고 계단을 오르내리는 것도 번거로웠다. 출입구를 찾는 일도 쉬운 일이 아니었다. 구로 디지털단지역에서 지하철을 기다리며 나는 한 쌍의 연인이 싸우는 모습을 보았다. 그들은 서로 큰 소리로 다투고 있었고 때때로 삿대질도 오갔다.

사람들의 눈을 의식하지 않고 벌어지는 그들만의 싸움은 보기에도 불편했다. 나는 궁금증이 생겼다. 그들은 왜 이렇게 많은 사람들이 지나다니는 역에서 싸우고 있는 걸까? 그 이유는 바로 마음이 변했기 때문이었다.

한쪽이 너는 예전과 달라졌다며 변심했다고 말했고 다른 쪽도 마찬가지였다. 마음이 변하니 싸움이 일어났다. 이 모습을 보며 나는 사람의 마음이 얼마나 쉽게 변할 수 있는지에 대해 생각하게 되었다.

사람의 마음은 정말 자주 변한다. 가정주부들이 쇼핑을 마친 후 마음이 변해 상품을 바꾸기도 한다. 판매자들은 종종 변심은 교환이 불가능하다고 말하지만 사람의 마음처럼 변하는 것이 쉽게 바뀔 수 있는 것이 아니다. 마음이 바뀌면 그로 인해 생기는 갈등이나 혼란도 적지 않다.

우리가 흔히 마음이 변했다고 할 때 그것은 대개 좋은 뜻보다는 안 좋은 뜻으로 받아들여지기 쉽다. 그럼에도 불구하고 우리는 살면서 사람의 마음이 변할 수 있다는 사실을 종종 경험한다. 그렇다면 마음을 지키는 일은 얼마나 어려운 일일까?

여자의 마음은 갈대 같다는 말처럼 사람의 마음은 정말 쉽게 변할 수 있다. 마음을 지키는 것, 마음을 변하지 않게 유지하는 것이 얼마나 힘든 일인지 우리는 잘 알고 있다.

역사 속에서도 많은 사람들이 자신의 마음을 바꾼 예를 찾아볼 수 있다. 예를 들어 일제 강점기 당시 독립운동을 하던 사람들이 시간이 지나면서 변심하여 친일 행위를 했다는 이야기는 충격적이다. 그들이 변심한 이유는 당시의 상황이나 개인적인 이익 때문일 수도 있지만 결국 그들의 선택은 후대에 부끄러움을 남기게 되었다.

문학계에서도 친일 문학이 많이 있었다. 심지어 우리가 사랑하고 기억하는 시인들 중에도 친일 행위를 한 사람들이 있었다. 그들이 그때 왜 그런 선택을 했는지 그들의 마음이 왜 변했는지에 대한 논란은 여전히 이어진다. 이와 같은 변심은 역사적 비극으로 기록되었다. 마음을 지키지 못한 결과 그들은 부끄러움과 죄책감을 느끼게 되었을 것이다.

마음이 변할 수 있다는 것은 우리가 일상적으로 겪는 일이지만 그럼에도 불구하고 우리는 항상 마음을 지키려 노력해야 한다. 만약 누군가의 말이나 행동으로 마음이 상했다면 그것을 고치기 위해 나 자신이 무엇을 해야 할지를 고민해야 한다. 마음이 상하는 것은 일시적일 수 있지만 그것을 오래 간직하고 있으면 더 큰 상처로 남을 수 있다.

그렇다면 마음을 지키는 방법은 무엇일까? 긍정적인 마음과 말을 가지는 것 그것이 가장 중요한 방법이다. 긍정적인 말과 생각은 우리 삶을 밝게 만든다. 우리가 말하는 언어가 긍정적이면 그 말을 듣는 사람도 좋은 기분을 느끼게 된다. 또한 그런 말을 듣게 되면 자연스럽게 나에게도 긍정적인 에너지가 돌아온다.

이처럼 긍정적인 말을 계속해서 하다 보면 내 주변에도 좋은 일이 생기고 내 삶도 점점 더 밝아지게 된다. 감사도 마찬가지다. 감사의 마음을 가지고 감사의 말을 나누다 보면 점점 더 감사할 일이 많아지고 그로 인해 마음이 풍요로워진다. '감사합니다.'라는 말은 사람들 사이에 온정을 주고, 나를 둘러싼 사람들에게도 좋은 영향을 미친다. 또한 마음을 비우는 연습도 중요하다.

자존심이 강한 사람일수록 상처를 더 깊이 받고 오래 간직하게 된다. 자존심이 지나치게 강하면 사소한 일에도 크게 상처를 받기 쉽다. 그런 사람들은 마음을 비우는 연습을 통해 상처를 덜 받고 가벼운 마음으로 삶을 살아갈 수 있게 된다.

마음을 비운다는 것은 내가 가지고 있는 불필요한 고집이나 자존심을 내려놓고 더 유연하고 편안한 마음을 갖는 것이다. 그렇게 되면 삶에서 불필요한 스트레스나 갈등을 피할 수 있다. 장마 전선이 올라와서 하늘이 어두워지고 비구름이 덮인 날에도 그 후에 비구름이 물러가면 맑은 하늘과 햇빛이 다시 비친다. 마찬가지로 우리의 마음도 어두운 구름이 끼면 잠시 힘들어지지만 시간이 지나면 맑고 밝은 마음을 다시 찾을 수 있다.

중요한 것은 그 어두운 순간을 잘 지나가는 것이다. 삶은 언제나 변화를 겪고 마음도 변할 수 있다. 그러나 그 변화를 잘 받아들이고 마음을 지키려는 노력을 한다면 결국 더 나은 삶을 살아갈 수 있을 것이다.

# 발자국

눈이 내렸다. 기상청에서 예보는 있었지만 하루 종일 눈은 오지 않았다. 괜히 헛소문인가 싶었던 저녁 늦은 식사를 하고 있는데 지인에게서 문자가 왔다. 눈이 펑펑 내려요. 급히 창밖을 내다보니 정말 많은 눈이 하늘에서 쏟아지고 있었다. 순간 아이처럼 설레는 마음이 들었다.

서둘러 밖으로 나가 보니 눈발이 얼마나 굵고 많은지 앞이 보이지 않을 정도였다. 손끝 시린 줄도 모르고 눈사람을 만들고 눈싸움을 하며 소리 내어 웃었다. 그렇게 한참을 놀다가 문득 밖에 세워둔 차가 떠올라 지하주차장에 옮기려고 갔는데 이미 차가 모두 주차돼 있었다. 눈은 곧 그치겠지 싶었다.

하지만 아침이 되어도 눈은 여전히 그치지 않고 내리고 있었다. 밤새 쌓인 눈은 발목까지 푹 빠질 정도였고 날씨도 올겨울 들어 가장 추운 날이었다. 도로는 그대로 눈에 덮여 미끄럽고 거칠었다. 걱정이 앞섰지만 새로 산 4WD 차량에 눈길 주행 모드까지 있어 오늘은 차를 몰고 출근해보기로 마음먹었다.

차량 위에 소복이 쌓인 눈을 빗자루로 털어내고 골목을 빠져나오 여기저기 멈춰선 차들과 오르막길에서 미끄러지는 차들이 보였다. 하지만 다행히 나는 무사히 출근할 수 있었고 회사 앞은 마치 그림처럼 하얀 눈으로 덮여 있었다. 눈이 내리는 날이면 회사 직원들은 입구부터 주차장까지 염화칼슘을 뿌리고 눈삽과 빗자루를 들고 함께 눈을 치운다. 이렇게 많은 눈은 정말 오랜만이었다. 발목을 푹 덮는 눈 위를 걸을 때마다 어린 시절의 기억이 스르르 떠올랐다.

예전에는 눈이 오면 가족과 동네 사람들이 함께 마당과 골목길의 눈을 쓸었다. 연탄재를 뿌려 미끄럽지 않게 하고, 싸리 빗자루로 눈을 털어냈다. 힘들었지만 뿌듯했다. 내 힘으로 눈이 치워지고 길이 생긴다는 건 작지만 분명한 성취였다. 추위 속에서도 웃으며 함께 눈을 치우던 사람들에게서는 묘한 동질감이 생겼고 그 따뜻함이 오히려 마음을 데워주곤 했다.

하루 종일 눈은 그치지 않고 내렸다. 오후에는 바람까지 불어 기온이 더 떨어졌고 내일은 더욱 추워진다고 한다. 얼어붙은 도로 차가운 공기 그리고 소복한 눈모든 것이 매섭고 차가워 보였지만 그 속에도 따스한 장면들이 있다. 퇴근길 차창 너머로는 아이들이 눈사람을 만들고 연인으로 보이는 청년들이 눈밭에 누워 깔깔 웃고 있었다. 마스크를 쓴 얼굴이지만 그 안의 표정은 분명 즐거웠다. 코로나19로 서로의 얼굴을 숨긴 채 살아가고 있지만 눈 내린 풍경 속에서는 여전히 사람들은 순수한 웃음을 찾는다. 그 웃음은 눈보다 더 맑고 따뜻했다.

집에 도착해 차를 주차하고 천천히 발걸음을 옮긴다. 아무도 밟지 않은 하얀 눈 위에 첫 발자국을 찍으며 걷는다. 한 걸음 한 걸음 내 발자국이 선명하게 남는다. 그렇게 눈 위를 걷다 보면 인생이 겹쳐진다.

사람은 태어난 후 본능처럼 걷기 위해 몸을 움직인다. 뒤집고 기고 일어서고 넘어지며 결국 첫 걸음을 뗀다. 그리고 나서 유치원을 가고 초등학교를 다니고 또 중학교로 넘어가고 인생의 걸음을 멈추지 않는다. 많은 걸음을 걸으며 사회인이 되고 누군가는 가정을 꾸리고 그렇게 한 걸음 한 걸음 인생의 흔적을 남긴다.

그리고 언젠가 그 걸음이 멈추는 날이 오면 그의 삶은 끝이 난다. 눈길 위에 선명하게 찍히는 발자국처럼 사람의 인생도 마침내는 드러난다. 평소에는 알아채기 힘들지만 시간이 지나면 그가 어떤 길을 걸었는지 어디를 향해 발걸음을 옮겼는지 또렷하게 남는다. 하지만 현실 속의 우리는 바쁘다. 세상의 속도에 떠밀려 웃음을 잃고 마음의 여유도 없이 발걸음을 옮긴다.

그러다 보면 문득 내 걸음이 어디를 향하고 있는지도 모른 채 상처투성이가 되곤 한다. 그럴 땐 잠시 멈추어야 한다. 천천히 방향을 다시 확인하고 내 걸음이 정말 가고 싶은 길을 향해 있는지 되돌아봐야 한다.

인생의 길에는 계단도 있고 갑작스러운 턱도 있으며 마치 산처럼 높은 장애물도 있다. 하지만 참고 이겨내며 걷다 보면 어느 순간 따스한 햇살이 비추고 차가운 눈길 위에도 봄은 온다. 지금 어렵더라도 웃는 날이 반드시 찾아온다.

지금 내 인생의 걸음은 어디쯤일까 이 길이 내가 원하는 방향이 맞는 걸까 가끔은 그런 생각을 해본다. 그리고 다짐한다. 인생이 멈추는 마지막 날까지 성급하지 않게 흔들리지 않고 아름다운 발걸음을 남기며 걸어가자고 어느 겨울날 아무도 밟지 않은 하얀 눈 위에 남긴 내 첫 발자국처럼 나의 삶도 누군가의 기억에 따뜻하고 선명한 흔적으로 남기를 바라며 걸음을 옮긴다.

# 신과의 만남

새벽 4시 30분 집사람과 함께 길을 나선다. 수년 전부터 시작된 일상적인 의식이자 나에게는 신과 만나는 시간이다. 이른 시간에 일어나 새로운 하루를 시작하는 것은 피곤하고 힘든 일이다. 그럼에도 불구하고 나는 새벽의 차가운 공기 속에서 하루를 시작한다. 왜냐하면 정신이 맑은 새벽에 하루를 시작하면 마음이 편하고 나날의 일들이 조금 더 잘 풀린다는 생각이 있기 때문이다.

하루의 첫 시작은 나에게 중요한 의미를 가진다. 그런 이유로 나는 매일 같은 시간에 집을 나서고 이 시간 동안 내가 겪는 일들과 감정을 온전히 신에게 맡기며 기도한다. 신에게 위로와 복을 구하며 하루를 시작하는 것이다.

기도를 통해 내가 해결하지 못한 일들과 바라는 일들 나의 연약함을 고백하는 시간을 갖는다. 이런 시간들이 나에게 정신적인 위안을 주며 신을 의지하는 삶을 살아가게 만든다. 아무리 세상이 복잡하고 힘들어도 신과의 만남을 통해 얻는 평안함은 나의 정신 건강을 지키는 데 중요한 역할을 한다고 생각한다.

새벽길을 나설 때 제일 먼저 만나는 사람은 마을 골목에서 쓰레기를 주우시는 할머니다. 할머니는 새벽의 차가운 공기 속에서도 가장 이른 시간에 길가에 쌓인 쓰레기 더미에서 돈이 될 만한 물건들을 찾고 계신다. 빈 병과 캔 폐지와 박스 같은 것들을 하나하나 손에 쥐어 가시며 묵묵히 자신의 일을 하고 계신다. 그 모습을 보면 힘든 삶을 살아가면서도 작은 것들에서 희망을 찾고 있다는 느낌을 받는다.

할머니가 지나간 자리는 늘 조금 더 깨끗해지고, 나의 하루는 그런 할머니의 작은 수고 덕분에 시작된다. 새벽 기도를 마치고 돌아오는 길 나는 편의점 주인과 할아버지를 만난다. 편의점 주인은 늘 가게에서 나온 쓰레기를 분류하고, 모아놓은 것들을 깨끗하게 정리해 가게 밖까지 치운다. 주인의 섬세한 손길 덕분에 거리의 쓰레기들은 정리되어 있고 골목길은 그만큼 깔끔해진다. 그리고 기다렸다는 듯 할아버지는 남은 종이와 플라스틱 용기를 모으며 다시 골목을 한 번 더 청소한다. 나는 이 모든 일이 어떻게 이렇게 깔끔하게 정리될 수 있는지 감탄하며 그들의 수고에 감사함을 느낀다.

이렇게 새벽에 만나는 사람들은 나에게 신처럼 보인다. 많은 이들이 안락한 꿈나라에 있을 때 이른 새벽에 일어나 땀을 흘리며 세상의 질서를 바로잡고 깨끗한 세상을 만들어 가는 사람들 그들은 결코 화려하거나 눈에 띄는 존재가 아니지만 그들이 만든 작은 변화들이 나의 아침을 밝히고 세상의 일부분을 더 나은 곳으로 만든다. 내가 만나는 사람들은 마치 신과도 같은 존재들이다. 그들이 없었다면 나는 깨끗한 골목길을 걸을 수 없었을 것이고 그들의 수고 덕분에 나는 하루를 시작할 수 있다.

이들의 삶은 보통 사람들이 쉽게 지나칠 수 있는 일상의 작은 부분들에 숨겨져 있다. 그들은 내가 새벽길을 걸을 때마다 만나는 보이지 않는 신들이다. 묵묵히 자신의 역할을 다하며 세상의 어두운 면을 치우고, 새로운 빛을 준비하는 사람들. 그들의 존재를 일상 속에서 쉽게 간과할 수도 있지만 나는 그들을 신처럼 소중하게 여긴다. 그들의 수고 덕분에 나는 깨끗한 세상 속에서 살아갈 수 있고 그들이 없었다면 나의 삶은 얼마나 불편하고 불쾌했을지 상상할 수 없다.

이들을 떠올리면 나는 자연스럽게 지렁이를 떠올린다. 지렁이는 땅속에서 보이지 않게 움직이며 흙을 정화시키고 식물의 뿌리를 돕는다. 비가 오면 지렁이는 땅 위로 올라와 사람들에게는 징그럽게 보일 수 있지만 그들은 흙 속에서 열심히 일하며 자연을 정화하는 중요한 역할을 한다. 지렁이의 존재가 중요한 것처럼 새벽에 만나는 사람들도 그들만의 중요한 역할을 다하고 있다. 그들은 사람들이 보기에는 보잘것없어 보일 수 있지만 그들의 존재가 없으면 세상의 질서는 흐트러질 것이다.

새벽길에서 만나는 할머니 할아버지 편의점 주인 그리고 다른 많은 사람들은 모두 지렁이처럼 보이지 않는 곳에서 세상을 정화하는 중요한 존재들이다. 그들은 재활용 쓰레기를 모으고 세상을 더 깨끗하고 쾌적하게 만드는 일을 한다. 그들의 수고로 우리는 깨끗한 골목길을 걸을 수 있고, 하루를 기분 좋게 시작할 수 있다. 그들이 흘린 땀은 결국 세상을 조금 더 나은 곳으로 만들어가고 있으며, 나는 그들에게 감사하며 살아가야 한다는 생각이 든다.

그러나 우리 사회는 종종 그들을 부끄럽게 여기고 그들의 노고를 제대로 인정하지 않는다. 많은 사람들이 그들의 일을 하찮게 여기고 더러움과 불편함을 피하려 한다. 그러나 나는 그들이 바로 신과 같은 존재라고 믿는다. 그들의 수고와 희생 덕분에 우리는 깨끗하고 편안한 세상에서 살아갈 수 있다. 그들을 무시하거나 피하는 것이 아니라, 그들에게 존경과 감사의 마음을 가져야 한다. 그들이 바로 세상을 지탱하는 숨은 신들이기 때문이다.

나는 그들에게 드릴 제물을 봉지에 담아 새벽길을 나선다. 그들의 노고를 조금이나마 보답할 수 있다면 그것만으로도 나에게 큰 의미가 있을 것이다. 새벽에 만나는 이들의 수고 덕분에 나는 세상의 소중함을 깨닫고 그들의 희생에 감사할 수 있는 하루를 시작한다.

오늘도 그들이 만들어낸 깨끗한 골목길을 걷고 그들이 잊힌 신들처럼 묵묵히 일하는 모습을 보며 나는 신을 만나게 된다.

# 내가 그리하면

친구 아들의 결혼식에 다녀왔다. 요즘 젊은 세대답게 간소한 결혼식이었다. 주례자도 없이 두 사람이 직접 앞으로의 결혼생활에 대해 이야기하고 서약문을 낭독하는 모습이 인상 깊었다. 화려하지 않아도 그 나름의 의미와 진정성이 느껴졌기에 따뜻한 마음으로 축하를 보냈다.

식이 끝나고 식사 자리로 내려왔는데 다섯 살쯤 되어 보이는 아이가 내 다리 밑으로 숨어들며 손가락을 입에 갖다 댄다. '쉿'하며 조용히 하라는 제스처에 나는 놀라 당황하고 있는데 아이의 엄마가 아들을 찾다가 내 앞에서 발견하고는 웃으며 '여기 있었네!'한다. 그 상황이 아이에게는 그저 놀이였겠지만 나는 조금 불편했다. 식사 자리에선 조용히 해야 하지 않나 그래서 조심스럽게 이런 자리에서 뛰어다니는 건 조금 조심해야지 하고 말했더니, 엄마의 얼굴빛이 변하며 그게 무슨 상관이냐는 말만 남기고 자리를 떠났다.

그 장면이 머릿속에서 쉽게 지워지지 않았다. 요즘은 아이 기 죽을까봐 예절을 가르치지 않는 부모들도 많다는 이야기를 들었는데 오늘 내가 바로 그런 모습을 본 것이다. 물론 아직도 예절의 중요성을 강조하고 실천하는 가정도 많다. 그러나 전체적인 사회 분위기를 보면 예전보다 예절의 경계가 흐려진 것만은 부정할 수 없다.

문득 예절이라는 단어를 곱씹게 되었다. 현대 사회를 살아가며 우리가 얼마나 그것을 의식하고 또 실천하며 살아가고 있는지 특히 한국은 유교적 전통이 깊은 사회다. 물론 지금은 예전만큼 엄격하진 않지만 여전히 나이나 지위 상황에 따라 지켜야 할 기본적인 예절은 존재한다. 윗사람에 대한 태도 공적인 자리에서의 행동 말투 표정 심지어 앉고 걷는 자세까지 모두 예절의 일부다.

하지만 그런 예절을 제대로 배우고 익힐 기회는 점점 줄어들고 있다. 가정에서도 모든 상황을 일일이 가르칠 수는 없고 학교나 사회에서도 체계적으로 배우기 어렵다. 사람은 다양한 상황을 겪지만 그 모든 경우에 적절하게 대처할 수 있는 예절을 익힌 사람은 드물다. 그래서 생각했다. 남을 탓하기 전에 먼저 나부터 돌아보자. 어른으로서 손주뻘 되는 아이에게 본이 되어야 하지 않을까. 예절이라는 것이 결코 고리타분한 것이 아니라, 사람 사이에 예의를 지키고 관계를 원활하게 만들어주는 기본이라는 점이다.

이참에 사람에게 호감 주는 자세에 대해서도 관심이 생겼다. 가장 기본부터 다시 연습해보기로 했다. 먼저 바른 자세다. 현대인에게 바른 자세란 말처럼 쉽지 않다. 스마트 폰과 컴퓨터를 오래 사용하다 보니 허리와 목이 구부정한 경우가 대부분이다. 책에 나온 방법대로 앉아보았다. 양발은 어깨너비로 벌리고 무릎은 직각 손은 주먹을 쥔 채 허벅지 위에 올리고 허리에 힘을 줘 반듯하게 펴본다. 처음에는 그저 어색할 뿐 힘들진 않았지만 시간이 지날수록 허리에 통증이 오기 시작했다.

앉는 자세 하나가 이렇게 어려운 일이었나 싶었다. 그동안 얼마나 나쁜 자세로 살아왔는지를 새삼 깨달았다. 다음은 걷는 자세 책에서 알려준 대로 걸어보니 평소 내가 얼마나 무심하게 걸었는지 알 수 있었다.

걷는 자세만으로도 인상을 좌우한다는 말이 있다. 생각해보면 우리가 누군가를 처음 만났을 때 가장 먼저 보게 되는 것이 걸음걸이다. 바른 자세로 걷는 것조차도 결국 나를 표현하는 예절 중 하나다.

예절이란 결국 마음을 담는 방식이다. 존중하는 마음을 어떻게 표현할지를 배우는 것이다. 아이가 뛰어놀던 그날 나는 어른으로서 내가 보여줄 수 있는 것이 무엇일까를 고민했다. 예절은 단지 과거의 유산이 아니라, 지금 이 순간에도 여전히 유효한 인간관계의 기본이다. 직장에서도 어른 앞에서도 스승 앞에서도 아이들 앞에서도 예절은 필요하다. 물론 모든 상황에 완벽히 대응하는 건 쉽지 않다. 하지만 중요한 건 노력이다.

사전에서 예절이란 단어를 찾아보면 공경하고 격식을 갖추어 예의 바르게 행동함이라 적혀 있다. 그 말처럼 나는 앞으로 사람을 대할 때 존중하는 마음을 담아 말하고 행동하려고 한다. 어렵고 번거로울 수 있지만 내가 먼저 그렇게 하면 주변 사람들도 서서히 달라지지 않을까 누군가에게 그게 무슨 상관이냐는 말 대신, 맞아요, 그런 것도 중요 하죠 라고 말하는 사람이 늘어나지 않을까. 사회가 바뀌는 건 아주 큰 일이 아니라 이렇게 작지만 단단한 실천에서부터 시작된다고 믿는다.

예절은 결국 사람을 향한 마음이다. 내가 먼저 그리하면 이 세상도 조금씩 달라질 것이다.

# 감자와 고구마

아내가 슬로우 쿠커에 감자와 고구마를 굽고 있다.

시간이 지나며 익어가는 행복 가득한 냄새가 퍼진다. 그 향기를 맡으며 문득 감자와 고구마를 둘러싼 기억 속으로 빠져든다.

우리 가족은 일주일에 한 번 장을 본다. 오늘도 점심을 먹고 마트에 들렀다. 나는 장보는 게 즐겁지만 돌아다니는 건 지루해서 이내 2층 안마의자에 앉아 있었다. 그 사이 아내와 아이들은 채소며 생선 감자와 고구마를 잔뜩 담아왔다.

감자와 고구마를 평소 좋아하지만 너무 많이 샀다고 잔소리를 하다 보니 말이 없어진 아내 돌아오는 길 괜히 마음이 불편해져 크림 중 새우를 먹으러 가며 그녀의 기분을 풀어주었다.

집에 와선 감자와 고구마를 햇볕에 널어 말렸다. 박스로 덮어 베란다에 보관해놓고는 어느새 잊어버렸다. 해가 바뀌고 봄이 오자, 그들엔 싹이 나 있었다. 아내는 주름지고 싹 난 감자와 고구마를 버리려 했지만 나는 꺼내 고구마는 물에 담가 싹을 키우고 감자는 쪼개어 말린 뒤 화분에 심었다. 놀랍게도 그것들은 밭에 옮겨 심자 다른 것들보다 더 잘 자라고 많은 고구마와 감자를 맺었다.

감자와 고구마를 기르다 보면 참 다르다는 걸 느낀다. 하지만 다르다고 틀린 것은 아니다. 감자는 땅속줄기에서 고구마는 뿌리에서 자란다. 감자는 동글동글 통통한 옆집 아저씨 같고 고구마는 길쭉한 샐러리맨처럼 느껴진다. 심는 방법도 달라 감자는 쪼개 심고 고구마는 싹을 내 줄기를 심는다. 꽃조차 다르다. 감자는 작은 꽃송이가 옹기종기 모여 피고 고구마는 나팔꽃처럼 활짝 퍼진다.

고구마는 바로 먹으면 물이 많아 물고구마가 되고, 며칠 두면 밤고구마처럼 단단하고 달다. 기다림이 맛을 만든다. 이 또한 고구마의 마법이다. 감자와 고구마는 기후에 강하고 흉년에도 사람들을 살린 귀한 작물이다. 수없이 많은 생명을 지켜온 고마운 존재들이다. 그리고 나 역시 이들 덕분에 삶의 지혜를 배운다.

어릴 적 아궁이 앞에서 감자와 고구마를 숯불에 구워 먹던 기억이 있다. 달콤한 고구마는 가장 먼저 사라졌고 감자는 푸석하고 밍밍해서 나중에 먹었다. 감자에서 느꼈던 푸석함과 때때로 입안이 아린 그 맛은 어쩌면 감정을 표현 못 하던 아버지를 닮았다. 그 시절엔 표현이 없었던 것이 사랑이 없던 것이 아니었음을 이제야 안다.

가끔 내 자신을 되돌아본다.

나는 누군가에게 푸석한 감자였던 건 아닐까? 독을 품은 감자 싹처럼 말 한마디로 상처를 주진 않았을까? 인생이 맛있으려면 참고 배우며 불필요한 것을 하나씩 버려야 한다. 감자와 고구마도 소금 설탕 김치와 함께해야 제 맛이 나듯 인생도 누군가와 함께할 때 더 깊은 맛을 낸다.

자식들이 커서 결혼을 준비하는 나이가 되니 내가 지나온 삶의 뒷모습이 보인다. 그제야 아버지의 감자가 정 없음이 아니라 표현 부족이었음을 이해하게 된다. 요즘 아버지들은 스킨십도 잘하고 감정도 표현하며 소통한다. 그렇게 살아가는 게 진짜 행복임을 느낀다.

감자와 고구마처럼 우리는 모두 다르지만 다르다고 틀린 건 아니다. 다름을 인정하고 이해하며 함께 살아가는 것이야말로 인생을 맛있게 만드는 법이다. 오늘도 부엌 한 켠 감자와 고구마가 익어가는 소리가 조용히 나를 안아준다.

# 멀리보기

유승재 수필집

초판 1쇄 인쇄 | 2025년 6월 20일
초판 1쇄 발행 | 2025년 6월 25일

지은이 | 유 승 재
발행인 | 윤 영 희

발행처 | 도서출판 동행
출판등록 | 2011. 6. 8. 제301-2011-098호
주 소 | 서울시 을지로14길 16-11
전 화 | 02-2285-2734, 2285-0711
팩 스 | 02-338-2722

값 15,000원
ISBN 979-11-5988-045-2